なぜか突然、中学受験。

細川貂々

創元社

ウチの息子は
小学生
スキな食べ物は
カレーライス
キライな
食べ物は
ネギ
ラーメン
ネギ抜きに
してください
学校の勉強は
特に好きじゃない
国語
算数
授業も あまり
発表しない
ニガテなのは
体育と給食
ウチで
まったり
ゲームをしたり
バランスボール
まんがを読んでる
時が
シアワセ

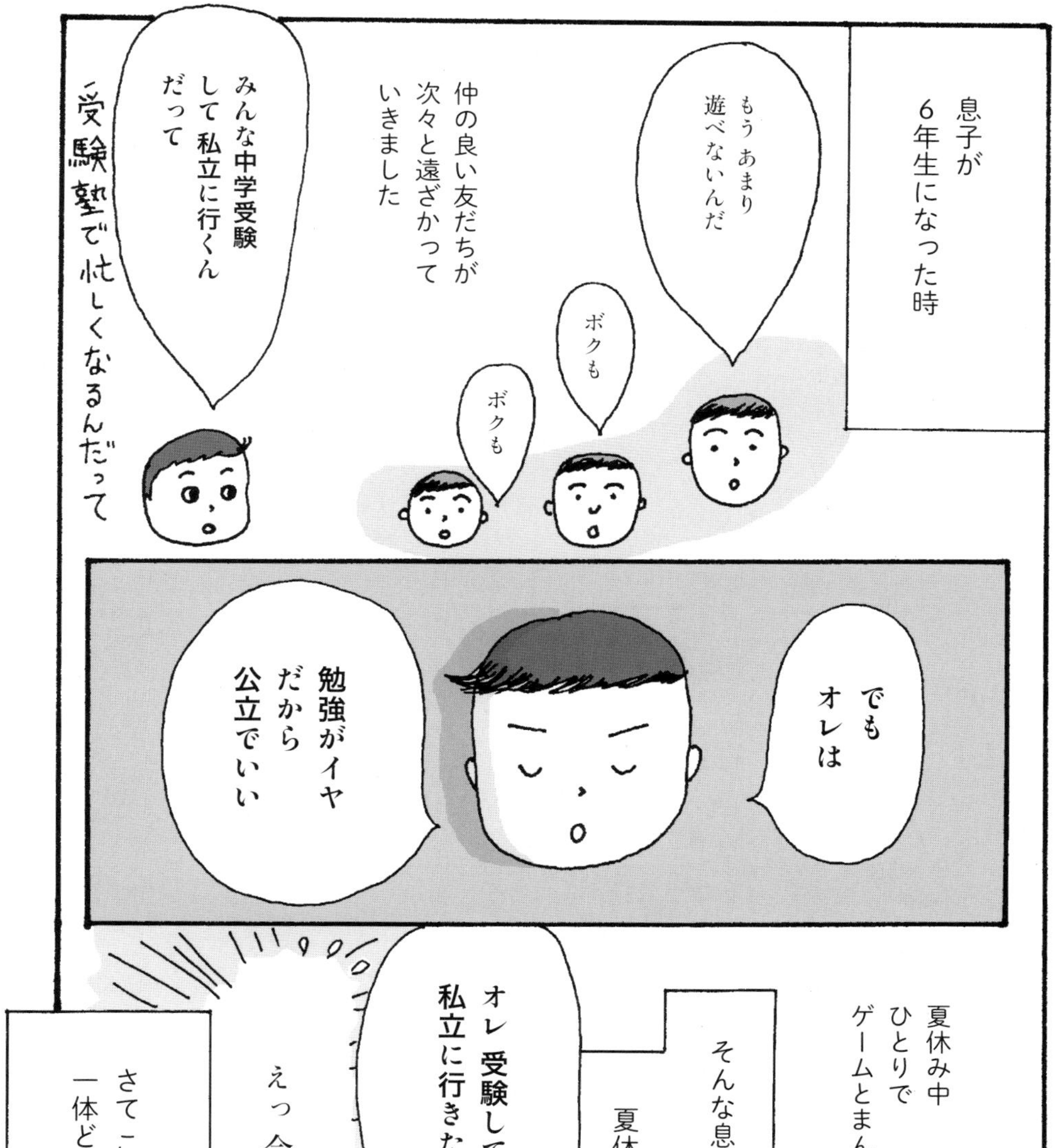
息子が6年生になった時
もう あまり遊べないんだ
ボクも
ボクも
仲の良い友だちが次々と遠ざかっていきました
みんな中学受験して私立に行くんだって
受験塾で忙しくなるんだって
でも オレは
勉強がイヤだから公立でいい
夏休み中ひとりでゲームとまんが
そんな息子が夏休みが明けたとたん
オレ 受験して私立に行きたい
えっ 今から？
さてこの後一体どうなるでしょう…

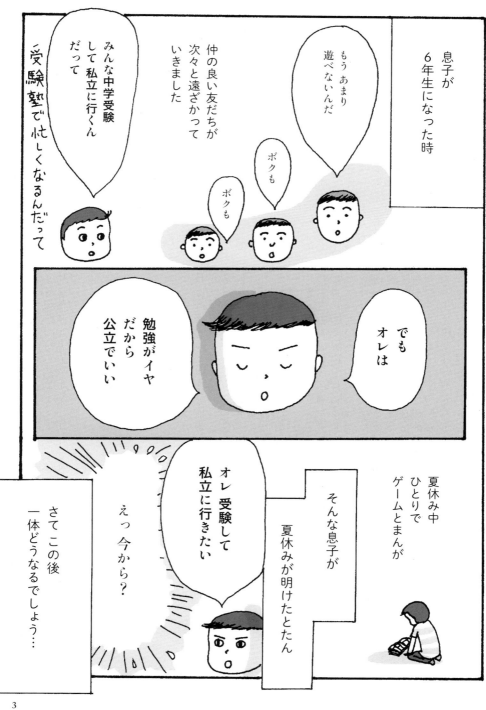

息子と中学受験
そもそも
息子が通ってる
小学校は
中学受験をする子が
多いことで有名でした
ツレ(夫)
この小学校に
通いたくて
わざわざ
引っ越ししてくる人
もいるんだって
びっくり
えっ
そうなの？
なのでこういう質問を
受けることが
よくありました
受験
するの？
先輩ママ
テツコさん
えっ
イヤーウチの子は
勉強きらいだし
ムリなんじゃない
かなあ
何言ってるの
勉強が好きな子
なんてほとんど
いないよー
それをさせるように
上手く誘導する
のが母親の役目
それが
中学受験
スタートは
小4からが
いいよ
受験組は
もう動き
出してる
てんさんちも
始めるなら
今だよ

昔中学受験のことを本に書く仕事をしたことがあります
その時にも中学受験は「親の受験だ」と言ってたなぁ
親が受験に関わる割合
・中学受験80%
・高校受験50%
・大学受験20%
でも私が勉強スキじゃないから誘導するのはなー
ムリ
4年生の時本人に直接聞いてみました
ちーと君中学受験する？
ええと
中学受験は義務教育だからそのまま近くの公立中学に行くことになります
でも受験をして私立の学校に通うという選択もあります
どういう違いがあるのかというと…
えーと
えーと

公立
・全国どこでも同じ教育が受けられる
・お金があまりかからない
・近所のいろいろな子が来る
・3年後に高校受験がある
私立
・学校によって特色のある教育スタイル
・ある程度お金がかかる
・いろいろな場所から同じような子が集まる
・中高一貫で高校受験はない（でも受験もできる）
最大の違いは
公立はそのまま自動的に入れるけど
私立は入学考査がある
試験か推薦入学になる
でたいていは中学受験のための受験塾に通うことになるんだけど…
どうする？やってみる？
やらない
オレ勉強スキじゃないし

そうか
うん
わかった
でも5年生になった時
なんか みんな
中学受験する
って言ってる
えっ
そーなの？
どうする？
周りの友だち
が受験する
なら ちーと君
もする？
しない
オレは みんなと
違うし
そうか…
6年生になると
友だちと遊べなく
なりました
みんな塾で
忙しいんだって
ホントに受験
しなくていいの？
今なら間に合う
よ
いい
しない
こんな感じで
頑固に貫《つらぬ》いてきた息子が
急に変わったのは
夏休みが明けた頃でした

なぜか突然、中学受験。

もくじ

６年生２学期

９月

10月

11月

12月

6年生 3学期

1月

本番

デザイン いわながさとこ
制作協力 後藤美香

6年生 2学期

息子のこだわり　9月①
2学期が始まってすぐ
息子は
学校に
行きたくない
と言い出しました
これまでも息子が
こういうことを
言う時が
あったので
ツレが山登りに
連れていったり
しました
そーゆー
時は
山だっ
それで気分転換をして
次の日から学校に行く
ことができてたのですが
この時は
ちょっと違いました
どうしたの？
学校で何か
嫌なことが
あったん？
組体操の
練習が
イヤだ!!
組体操!!
どんより
アレは私も
ツライ思い出
しかないな
ボクも…

でもさ
今まで団体競技があったけどできてたじゃない
何で組体操だけ？
4年の時の器械体操は大変だったけどキケンだとは思わなかった
5年のソーラン節はみんなに合わせてたら 何となくできた
でも組体操はちがう!!
5年の時 運動会で6年生の組体操を見てて危ないと思った
実際に練習してみたらますますそう感じた
「2秒でピラミッド体勢になれ」とか ありえない
他の子はできても
オレはムリ
そんな危ないことはしたくない
ナルホド…
息子の決心は固く
担任の先生がウチに来て話し合いをしたけど
ガンコに組体操を拒否し続けました

でもさ
ちーと君が行く
公立中学には
組体操が
あるよ
えっ
そーなの?!
……
受験したい
オレ
中学受験
する!!
くる
!!
えーーァ
どうすりゃいいの?
私はすぐ友だちに
相談しました
ちょうど今
学園祭のシーズンだから
学校見学に
行ってみるといいよ
進めるなら少しでも
早い方がいいから
家族で話し合って
近日中にどうするか
決めた方がいい

ということで
私が以前から
「受験するならココ」
とコッソリ調べておいた
学校の学園祭に
行きました
ちーと君
この学校は
どう？
うん…
オレ
ここを
受験
するよ
やるからには
受かりたい
その時
息子は「受験生」
に変身した
同時に
私とツレは
「受験生の親」に
なりました

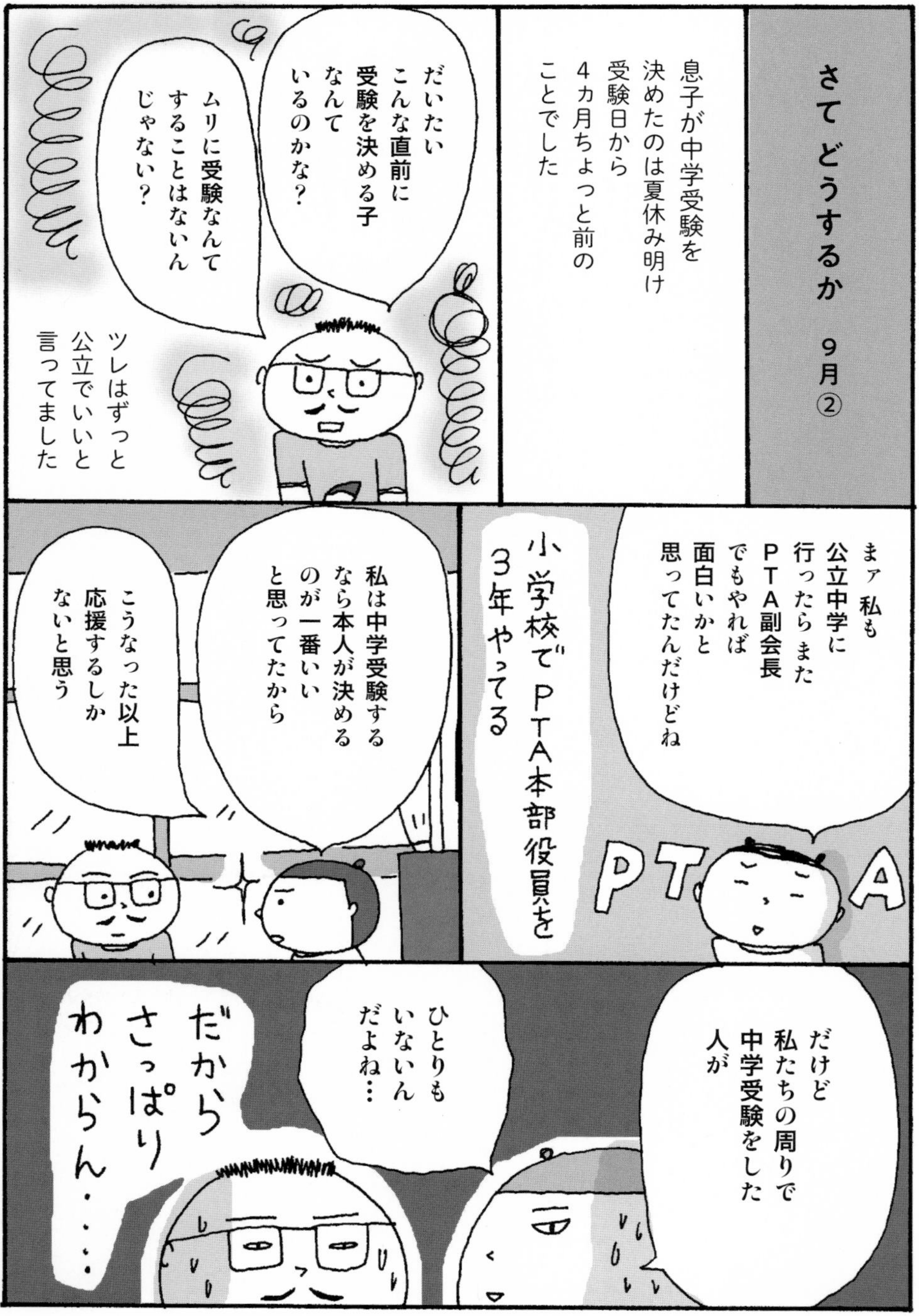
さて どうするか
9月②
息子が中学受験を決めたのは夏休み明け受験日から4カ月ちょっと前のことでした
だいたいこんな直前に受験を決める子なんているのかな？
ムリに受験なんてすることはないいんじゃない？
ツレはずっと公立でいいと言ってました
まァ私も公立中学に行ったらまたPTA副会長でもやれば面白いかと思ってたんだけどね
小学校でPTA本部役員を3年やってる
PTA
私は中学受験するなら本人が決めるのが一番いいと思ってたから
こうなった以上応援するしかないと思う
だけど私たちの周りで中学受験をした人が
ひとりもいないんだよね…
だからさっぱりわからん…

とりあえず今通ってる塾の先生に相談してみよう
息子は近所の補習塾に通ってました
のんびり楽しく勉強する塾で息子は大好きでした
学校は休みたいけど塾は行きたい
シャー
息子が中学受験をしたいと言い出したのですがこれからどうしたらいいでしょうか？
すぐに中学受験専門の受験塾に転塾してくださいっ
都心にあるH塾なら今からビシビシ教えてくれます
……
H塾ってメチャクチャ頭の良い子が行くところだよねぇ
エリート的な
そんな難しい塾に今から入ったって息子がついていけるわけないじゃないか
それにボクは夜遅くまで受験塾に通わせるようなことをしてまで受験させたくない
私たちは一体どういうカタチで息子の応援ができるのかな？

ツレの決意　9月③
ボクが教える
ボクは受験塾に通ったことはない
自己流で勉強して高校も大学も合格した
キラーン
だからできるはずだ
イヤまて!!
でも中学受験はしたことないだろう?!
と思ったけど
パパと一緒に受験勉強頑張ろう!!
キラーン
パパに教えてもらうのでいい!!
なんか 成立してしまった

私が仕事で中学受験の取材をした時は 受験塾に通うことが前提だった
中学受験は
親
子
塾の先生
三人四脚
塾の先生と親と子どもの連携プレーが中学受験の特徴
親が自宅で教えるなんて大丈夫なんだろうか…
友だちに聞いてみた
へーパパが教えることになったのね
メリット1
受験に関する最新データや情報を持ってる
それの対策法
繰り返し塾などの公開模擬試験を受けたり学校の説明会に行くことで手に入れる
大手塾のメリットを教えるね
ふーん

メリット2
問題を最短距離で解く
技術の経験値が蓄積してる
それの対策法
塾でわかりやすく
説明されるより
親と一緒に勉強すると
工夫して答えを出す
学ぶ喜びがあるので
しっかり身につくかも
親が教えると
つい怒ったり焦《あせ》ったり
するので そこに
気をつけて
ナルホド
メリット3
周囲も受験生なので
刺激を受ける
それの対策法
周囲に受験生がいないと
受験の面白さがわかりにくく
友だちからの影響で
化学反応な展開が起こらない
ココが一番
問題かも
でもココも
公開模試を受ける
ことで ソコソコいける
と思う
へえ

残り130日!! 今から受験に切り換えるなら家族みんなで突っ走るしかない
がんばって!!
ハイッ
ツレの方は補習塾の先生に自分の考えを話して
全面的に応援をしてもらうことになった
きっと大丈夫です
頑張りましょう
ありがとうございます
私はなんだか
不安だけど
冒険みたいなものだと割り切ることにした!!
経験をすることに意味があって結果はどちらでもいいと思うことにする
受かっても落ちてもいい経験になるように
受験の期間を過ごすと決めた

ツレコラム
受験のまえに

パパはハラハラドキドキだ

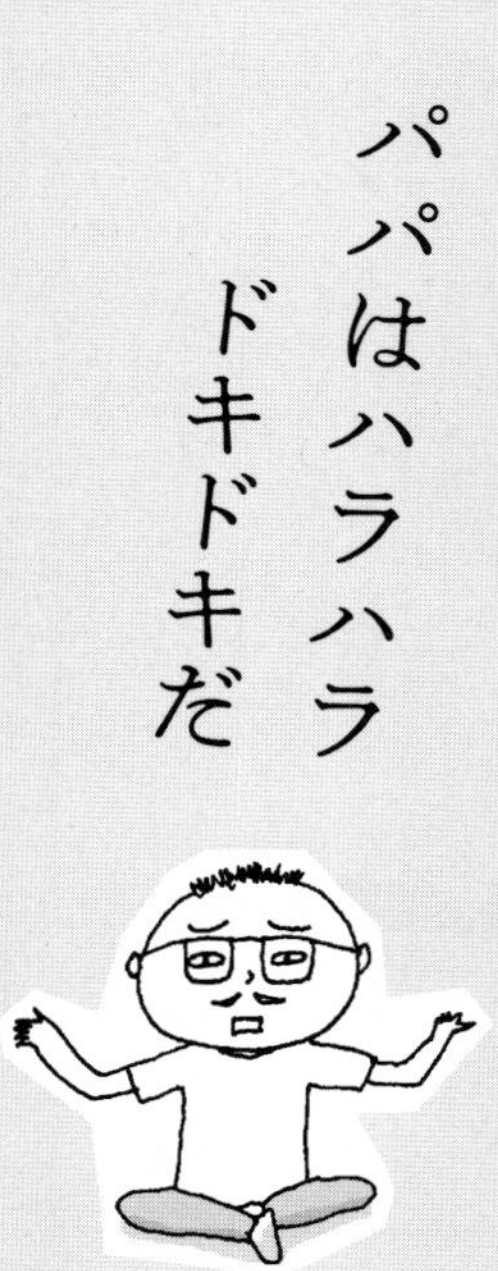

ここで文章で乱入します。ツレこと、漫画家細川貂々のパートナーです。息子にとっては、頼りがいのあるパパだ。

我が家のちょっと特殊な状況を説明すると、会社員だった僕は16年前にうつ病になり、会社を辞めて闘病生活をしました。うちの相棒がそのときのことを漫画に描き『ツレがうつになりまして。』というコミックエッセイとして出版しました。そのときから僕は専業主夫になり、専属アシスタントになりました。

病気が治ってから息子が生まれたのですが、その息子も生まれてすぐから僕が「専業パパ」として育てました。ミルクをやり、オムツを替え、相棒は仕事場に行って帰ってこなかったので、ワンオペ育児気味になり、育児ノイローゼのようになったことも。

そして、育てたのが息子だったので、もう自分の分身のようにして育てた。一卵性母娘ならぬ父息子とし

て溺愛。幼稚園に入った頃から、僕とは違う個性が伸びてきて、パパはちょっと寂しかったりもした。

そうはいっても、息子のことは何でもわかっていると思っていた。今もまだ、ちょっとそんなところもある。だから、私立受験の表明のときはびっくりしたな。

今僕らが住んでいる、兵庫県の阪神地域は土地柄、教育熱心な人たちの多い場所で、それだから公教育に関しても質を保っていると言われていて、特に息子を通わせていた小学校は市の中でも人気のある公立小学校です。公立の中学もスクスクとした育ちの良さそうな子たちが通っていて、特に荒れているとかそういうことはないんだよ。

息子は「公立の中学校から県立高校を目指す」という目標を掲げている放課後の補習塾に通っていたんですが、ゆるい「宿題を見てもらう」塾で、息子は5年生6年生の兄やん姉やんに可愛がられてて、この子たちは中学生になっても同じ塾にいたので、当然後輩として同じ中学に入ると期待されていたんじゃないかな。

まあ、つまり、親的にもある程度進路設定をしていたのです。塾が掲げているような、県立の上位高校とまではいかなくても、ずっと公立でいいじゃないかというような感じ。僕も相棒も小中学校は市立で、高校は県立、大学は国立（相棒は高卒なので僕だけ）。僕も相棒も学習塾に通った経験すらありませんでした。

「私立中学、高校があるということは知っている。だけど、それってお

金がかかるんじゃないの？　そして、公立より何が良いの？　公立で十分じゃないの？」

　というのが、息子が私立受験をしたいと言い出したときの僕の最初の感想と疑問です。今はネット検索というものがあるから、さっそく調べてみた。いや、その前に何度か「冗談言うなよ」とか頭ごなしに否定したこともあったかもしれん。息子がしつっこく言うから、試しに調べてみたのだ。

　そうしたら「学費は毎月5万円」とあった。

　私立中学に行くと、そのまま高校に進めるので高校受験をしなくても良い、勉強をしっかり見てもらえるので、塾に行かせる必要もない、とあった。

　今通っている補習塾は月に1万円だったが、中学生になると2万円になる。この分が必要なくなるのなら、月の負担は3万増えるだけだ。年に36万。3年間で100万ちょっと。

　一人息子に対して払いしぶるような額ではないかな。あとでこの認識はちょっと違うということがわかるんだけど、とりあえずそのときは、べらぼうに高いのではという懸念を払拭。

　それで、私立なら何が良いのかと調べるとマチマチ。よくあるのは、頭の良い子を集めて難関国立大学に楽々合格するような教育をしている私立中高。僕のイメージもまずそれ。でもそれって、入るのも一筋縄では行かない。6年生の1年間だけで100万円以上の費用がかかる「お受験塾」に通って猛勉強をして目指すものらしい。息子にはまず無理だと思う。

息子が希望してきたのは、そこそこ頭の良い子を集めて6年間みっちり教育するので、何人かは難関国立大学に合格している、というような感じの学校。高校受験がないので、中3での受験対策に1年間費やす必要がなく余裕をもって勉強ができるのだそうで。勉学面以外では何かというと、息子が嫌がっている「組体操」や「職場体験実習」がない。部活動では「鉄道研究部」があると。最近「電車には興味がなくなりました」とか言っていたくせに、学園祭に行ったらコンピュータ制御のNゲージ模型にカメラつけて動画を撮っていたのに魅了されたのか。

まあ、公立ではできないような、個性的な教育。それもお金をかけるから可能になっているかもしれないのだが、そういうものが私立にはあるらしい。

実は、息子が受験を言い出す前から伏線のようなものはあった。ずっと気になっていて頭から離れなかったのは、息子が11歳の誕生日を迎える前。まだ小学校5年生だった息子だけど、カレンダーにあった自分の誕生日を息子が鉛筆で黒く塗りつぶしてしまった。執拗に、紙に穴が開くくらいの強さでゴリゴリと。相棒はびっくりして「どういうつもりなん?」って訊いたんだけど、息子はうつろな目をして「オレなんかしかくがない」と小さな声でゴニョゴニョ言った。小学5年生の子が、何の資格がないというのだろう? もしかしたら「生きている資格がない」と言いたかったのか? 学校で何かがあったんだろうか？　ずっと素直で物怖じしない息子だと思っていたけど、4年生くらいから表現に極端にブレーキがかかっているのが気になってはいた。「素直に思ったことを書けばいいよ」と言っても「そんなんじゃちがう。こういうふうにしなければならないんだ」と主張し、他の子たちと足並みが乱れるのを嫌っていた。先生が求めているようなことができず、注意されたりしていたのかな。さいきん「子供たちの自尊感情が低い」ということを巷でも言われているようだけど、自分の息子もまた、その典型的な例になっているのだと思いました。でもいったいなんで、自分のことを低く評価し、自信がなくなってしまうのだろう？

あるいは「しかくがない」というのは「友だちでいる資格がない」のかもしれなかった。この頃を境に、いつも遊びに来ていた息子の友だちはいっせいに遊びに来なくなった。私立中学の受験の一年前、受験塾で「あと○○日」とスタートを切る頃だったかも。

夏休み、誰とも遊ばず、しかし勉強もせず、ゲームとネット動画にあけくれていた息子だったのだが、秋の初めに「受験したい」と宣言した。「しかくがない」という自尊感情の低いところから一転して無謀な主張。無理があるかなとは思ったけど「挑戦して失敗しても、もともと行く予定の中学校に行くことになるだけ。つまりノーリスク挑戦だ。失敗して失うものがないなら挑戦してもいいのでは？」と僕は考えた。

あとでその考えは大いに反省することとなるのだが。

それで当面、僕が受験勉強を教えようということになった。受験塾に頼ることをしなかったのは、お金がかかるからというのと、すでに時間がないということもあったんだけど、一番大きな理由は、すでに不登校気味になっていた息子に、別の使命《ミッション》を与えられたからです。それまで学校に行けなかった日々はなんとなく元気がなかったのだが、受験勉強を始めるようになって、わからなくてイライラすることはあっても、後ろめたさみたいなものがないせいか、クヨクヨしている様子はなくなった。

しかし教える僕のほうは、中学受験の参考書や問題集、過去問などを買い求めて見てびっくり。小学校で教えている教育の水準では全然ない。高校受験と比べてほとんど変わりがない。これは確かに「傾向と対策」とか「応用とひっかけ」とか、いわゆる受験スキルを磨かなければ対応できない。大学生のとき家庭教師のアルバイトをして、中学生の高校受験を手伝ったことがあるけど、その経験を思い返したりもした。教える息子にやる気だけはあるのが救いだったけどね。

受験勉強スタート
9月④
とは言え 息子はずっと
勉強がニガテだった
宿題やるのも
ひと苦労
自分から勉強しよう
だなんて
まったく
思ってない感じ
そんな子が
急に頭を
切り換え
られるの？
と心配だったけど
息子は「受験する」
と決めた次の日から
勉強を始めた
中学入試用
ノート
自分で
ノートも
作った
本屋さんで
志望校の
赤本買って
きたぞ!!
受験塾で
公開模試の
申し込みもして
きたぞ!!
申込書
赤本
補習塾の先生からは
大量の参考書と
息子がどういう勉強を
したらいいかのメモが
送られてきた
わっ
すごいね
算数
中学受験
どさっ

平日は学校から
帰ってきて勉強
土日祝は
1日中勉強
時々学校を
休んで勉強
そういう毎日を
送るようになりました
ピピピピピピピピ
カチ
私が夏休みのPTA大会で陰山先生の講演を聞きに行って買った学習用時計
100マス計算を普及させた人
まさか受験勉強のためにに使うことになるとは…
じー
うーん
あの時はゲーム時間を管理させるために便利だと思って買ったのに
ハハー
勉強に集中できないからあっち行って
うっ
息子がこんなセリフを言うようになるなんて…

よし じゃあ 次は
この問題 をやろう
じー
私も何か お手伝いを…
ネットで調べて 中学受験用の 参考書を 取り寄せる
カチャ カチャ カチャ
こんなにたくさん 参考書ばかり あったって 息子の 頭はひとつだよ
教える パパも ひとりだよ!!
スミマセン…
大量に 取り寄せすぎた
私はよく 漢字や 言葉を間違えるし
計算もできない
ハハはいいよ パパに聞く
私が勉強できないって わかってるから 私のことは 信用してない感じ
私は後ろから 見てることしか できない

ううう
なんか むなしい
しょーがないから
ネットで情報を調べる
うわー中学受験のブログいっぱいあるなあ
たいていは難関校狙いの内容
やっぱり
中学受験する!!
っていうイメージは受験塾に通って
頑張って難関校に入る!!
って感じなんだろうなぁ…
ウチみたいなケースはあまりないのかな？
あ お父さんが勉強を教えてるケースのブログあった
へー こういうケースを「親塾」っていうのかー
そーゆー どーでもよいことを調べている私なのでした

息子の学力
9月⑤
息子の勉強を見てあげてわかったんだけど
過去問と呼ばれる問題集をやってみたけど
まったくできないよ
えっ
でもちーと君学校のテストは結構良い点とってるし
80点とか
70点とか
本人も
自分は理数系だ
と言ってたよ
イヤ
この過去問自分もやってみたけど
大学出てるボクがやってもできなかったよ
えー
赤本
実際の問題
100個のビー玉が正方形の形に並べてあります
外側からAさんBさんが1周りずつ交互に取っていくと取り切った時2人の持っている個数の差はいくつでしょう?
ビー玉

何コレ意味がわからん
こーゆーひっかけ問題ばっかりなんだよ
息子の今の学力なんだけど
算数は一通りの勉強が頭に入ってる
それを応用させる力やひっかけ問題に対処する力がまだついてないだけ
国語は語彙力が足りない文章の読み取り能力がない登場人物に共感する力がない
これはボクらが文章の本を読ませてこなかったからだと思う
社会も理科も国語力がなくて間違ってる
国語力大事!!
ひっかけ問題には見事にひっかかってる
一番困るのは…

学校のテストの点は良いので
息子自身が自分に学力がないと認められないことなんだよ
できないならできない自分を知るということも大事なんだけど
今はそこで混乱してる感じ
今の段階では息子が立ち向かうにはレベルが高すぎる
中学受験
わからん
わからん
わからん
わからん
わからん
わからん
わからん
わからん
わからん
わからん
わからん
「わからんこと」の山を前にどこから手をつけていいかわからないいい何を押さえればいいのか…
うわー
お手あげ
険《けわ》しい山だね…
ウン

こういう時は神頼みするしかないな
ツレと息子は合格祈願に天満宮へ出かけた
パン
パン
神様 息子はずっと勉強してきませんでした
それどころかゲームとまんが三昧ですっ
でも息子は自分で中学受験したいと決めました
何とか息子に合格できる学力をお与えくださいっ
息子 絵馬に書く学校名を間違える
アチャー
やっちまった感…
大丈夫!!
神様はスゴイからわかってくれる!!
トホホ
必死に自分に言い聞かせるツレでした

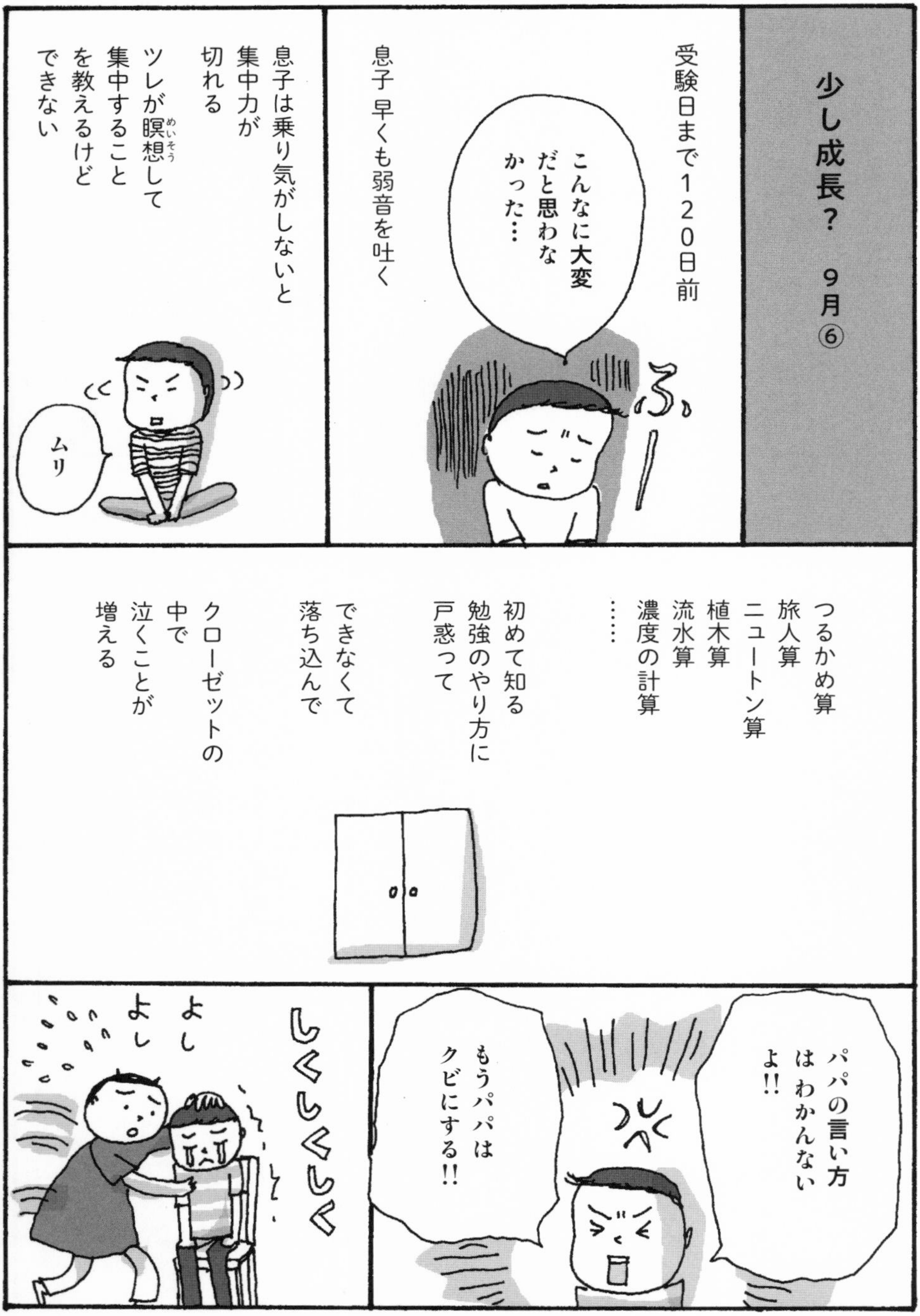
少し成長？ 9月⑥
受験日まで120日前
こんなに大変だと思わなかった…
息子 早くも弱音を吐く
ふ。
息子は乗り気がしないと集中力が切れる
ツレが瞑想《めいそう》して集中することを教えるけどできない
ムリ
つるかめ算
旅人算
ニュートン算
植木算
流水算
濃度の計算
……
初めて知る勉強のやり方に戸惑って
できなくて落ち込んで
クローゼットの中で泣くことが増える
パパの言い方はわかんないよ!!
もうパパはクビにする!!
しくしくしく
よし よし

パパはムカつく言い方をするんだよ 腹は立つけどいつか見返してやると思ってればいいんだよ
キッ
あまりキツくしないように!!
ボクそんなにひどいこと言ってないのに…
そんなにつらかったら受験やめる？
やめない
三者三様の気持ちが
じー
何かあったらすぐにとんでいかねば…
少しでも早く勉強を身につけさせたい
頑張りたい
揺れ動く毎日

そうこうしている
うちに
息子に少し変化
が出てきた
作文の宿題？
とっくに終わってるよ
学校の作文の宿題
ニガテなので いつもなら
悩みまくって いつまでも
やらないでいたのに
サラッとやっつけた
へー
以前なら嫌なことは先送りしてたのに
これはちょっと気合いが入ってきたんじゃないか？
うーむ
中学受験は賛否あるけど
子どもをぐんぐん成長させてくれる機会にはなってるのかなあ？
一応…
そうだといいねぇ

それでも…
問題を見ても まったく わからない
…
計算の順番が 間違ってないか 確認するんだ
と言っても
一回答えを出すと 二度とやらない
漢字は覚えても すぐ忘れてしまう
書き順が違うと 指摘すると
うるさいっ
と怒る
字も汚い
9月の間は そんな感じ で
まだまだ
この先 どうなる のかな…
心配は続きます

関ヶ原な息子
10月①
ツルとカメ合わせて56匹いる
足の数は166本それぞれ何匹？
全部ツルだと112本足りない足は54本
2本ずつだから足の半分の27匹がカメになる
ツルが29匹カメが27匹!!
正解!!
じーん
頑張ってる…
息子が中学受験を決めて1ヵ月ほど経った
早い子は小4の時から受験塾に通って準備を始めている
ウチの子はやっと1ヵ月…

今まで勉強がニガテで
机に向かうなんてことは
しなかった
息子
学校の宿題は
床でしてた
今は机に向かって
勉強をしてる!!
ピピピピ
しかも自分で時間の管理を
してる!!
これってさ
息子にとっては
「関ヶ原」的な
状況なんじゃ
ないかなぁ?
天下
分け目の
戦い
自分の歴史を
変える分け目に
なったってことじゃ
ない?
そうだなぁ
1ヵ月前は
問題を見ても
さっぱりわからな
かったのに
今はどうにか
解答用紙を
埋められるように
なったもんなぁ
まァ
正解しなきゃ
意味はないん
だけど
まだ そこまでは…

その後も息子は
しょっちゅう
壁にぶち当たり
ヒネくれていた
答案用紙
隠したら
採点できない
だろっ
答え合わせ
しないと
どこが間違って
るか わかんない
じゃないか
クローゼットに
かくれる
数日経ち
いよいよ明日は
初めての模擬試験
今日は
模試の練習
をします
朝9時スタート
国語50分
算数50分
理科40分
社会40分
の順で 12時半まで
過去問をやります
はい
はじめっ
50:00
カチ
まァ 受験生
だから
しょーがない
けど…
半日テスト
やらなきゃ
なんて
大変だねぇ
…

本人も初めてで
大変だったようで…
てんさん
コレ見て
あっ
社会
0点
何コレ!!
社会の問題
まったくわからな
かったみたいで
途中で投げ出して
クローゼットに
こもってる
自分で書いた
0点
採点を
してみると…
国語80点
算数・理科
70点…
え…
解答を
見たね？
えっ
えっ
うんっ
わかんないところは
見たよ
それじゃあ
模試の練習に
ならない
なあ
えっ
そーなの？
息子 模試の意味が
わかってなかった
しょーがないのでツレが
明日の模試では
カンニングしたり
投げ出したり
しないこと
と注意する

ファースト模試 10月②
初めての公開模擬試験
受験料は6050円（10％税込み）
⇒金額は場所によって変わります
ツレと息子は駅前にある受験塾に行く
こういう所とは 縁がないと思ってたのになぁ…
キンチョー
私は仕事先から応援
ガンバッテ!!
ちーと君 持ち物の準備は大丈夫だね？
たぶん
一応かくにん
あっ
鉛筆が4本しか入ってないじゃないか!!
1教科で1本しか使えず 1本でも芯を折ったら後がない…
大丈夫だよパパ 芯折ったことないよ
そそそ そーか？
大丈夫か？ 大丈夫だなっ
ツレ 軽くパニック

家に帰り
試験が終わるまでの時間
集中
集中
ツレはひたすら
自分と闘っていた
私は
仕事先で
ドキドキしていた
初めての模試
終了
お疲れ様っ
つかれた
ツレは採点して
愕然《がくぜん》とする
大事な国算理はほぼ半分が空欄…
しかも答えを書いたところも半分の正答率…
一番最初の教科は7割埋めてるけど
だんだん疲れて最後は白い解答用紙
惨敗《ざんぱい》
息子もわかってて
クローゼットの中で
泣く
ツレも
泣く
私は仕事から帰って
2人を労《ねぎら》った
やーホント よくやったよ
いい経験したよ

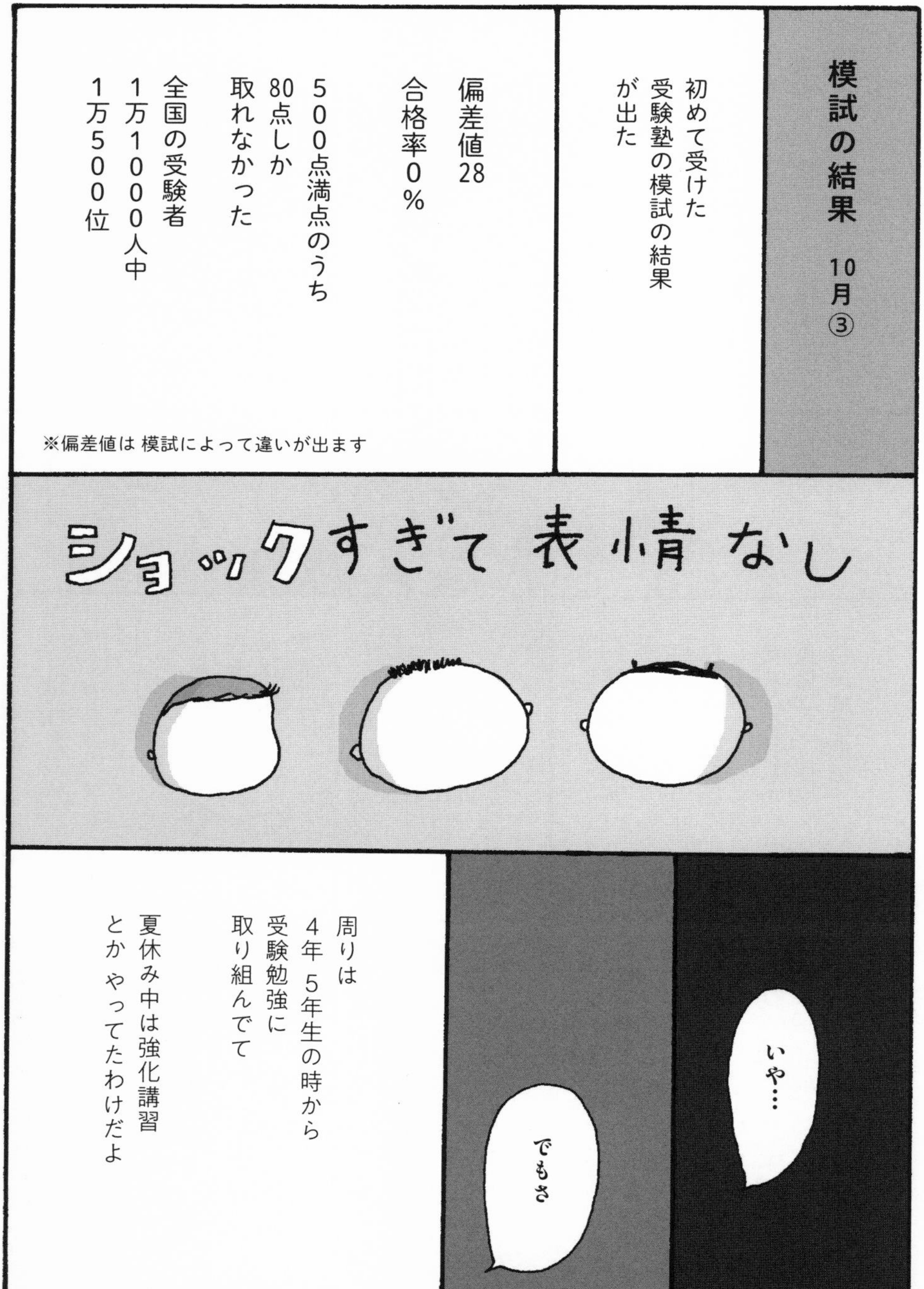
模試の結果
10月③
初めて受けた受験塾の模試の結果が出た
偏差値28
合格率0％
500点満点のうち80点しか取れなかった
全国の受験者1万1000人中1万500位
※偏差値は 模試によって違いが出ます
ショックすぎて表情なし
いや…
でもさ
周りは4年 5年生の時から受験勉強に取り組んでて
夏休み中は強化講習とかやってたわけだよ

その間 ウチの子は
まんが 読んで
アハハハ
ゲーム やって
動画 見てる だけの
毎日だったんだよ
アハハハ
あたり前の結果っていえば
そうなんじゃない？
はっ
はっ
そう 言われると
そうかも

いいか？
野球に
例える
とだな
なぜ野球？
お前のチームは
1回裏が終わった所で
16対0で負けてる
でもこの後失点を抑えて
各回に必ず2点は取る
それができて9回裏に
チャンスが来れば
サヨナラ勝ちだ!!
ハア…
この状況を
理解して
「わかったそれなら
イケる!!」
そう思わないと
前に進め
ない
どうだ？
イケるか？
イケる

その後 息子は
模試の会場で偶然会った
同級生に
オレ
合格率0%
だけど
全然諦《あきら》めてない
から
と言ったそうだ
ポジティブ
なんですよ
ネ

ルールをつくる
10月④
今回の模試の結果に
ツレが一番
悩んでいた
自分の予想では
偏差値40
合格率25～30%
くらいだと思ってた
のにな
まさか
合格率0%
なんて数字が
出るなんてな
うーん
これから
どうしよう
いやいや
でもな
周りは夏休み中も
勉強して模試を何度も
受けてるような子たち
その中でルールもわからず
同じ試験を受けた
という経験が
できたことは
良いことだ

そして
今までは
自分がどれだけ
負けているのか
わからない状況で
ちょっと勉強をして
やった気になってた
だけなので
この結果を見て
「ガーン」とショック
を受けることが
息子の次の勉強だった
のだ
ガーン
うん
そうだな
この現実を
直視してからが
本当のスタート
だ
というわけで
今日から心機一転
新しい気持ちで
再スタートしたい
と思います
そのために
ゲームと
ユーチューブを
禁止します
!!

それくらいしないと合格するのは
ムリだと思います
どうだ?ゲームしたいから受験やめるか?
キッ
やめない
キッ
よし
頑張ろう
ガンバレ
受験まであと100日
でも私は模試の結果を友だちにグチる
そんなの試験慣れしてないだけだよー
最初は誰でもムリだって
そうだ模試の他にプレテストっていうのがあるよ
プレテスト?

本番と同じように試験を受けることができるの
これが日程表
初めての場所で試験を受けると子どもは緊張して実力出せなくなるでしょ
あっ
実際と同じように試験の練習ができる感じ
ウチの息子も初めてで頭の中真っ白になったみたいだから そーゆーのいいかも
でしょ
それから受験票に貼る写真撮影の店は決めてある？
あ そうか そういうのも必要か
受験用の写真を撮るならココというお店があるから教えるね
ありがとう すごく助かります
そんなこんなで息子の受験生活は第2ステージに入りました

たたかい
10月⑤
ゲーム禁止にして1週間
息子はゲームができなくてイライラしてきた
どかーーん
ちーと君!!
今までは学校から帰ってくる時に
何のゲームやろう
とか考えてたのを
これからは
算数の円すいの問題やろう
理科の地層のところが気になる
って頭に切り換えてほしいの!!
自分から勉強したいって気持ちを持ってほしいの!!
それとも受験やめる?
やめない

頭を切り換えるようにする
その前にちょっとハハに聞きたいんだけど
ナニ
オレのゲーム機どっかに隠したようだけど
まさか洋服ダンスの中とかに入れてないよね？
ぎくっ
えっ なんで?!
いや防虫剤で電子機器がおかしくなるって聞いたからさ
くれぐれもオレのゲーム機壊《こわ》さないようにね
わかってるよー
洋服ダンスに隠してあったのだ
うわー ここじゃダメだったのか
マズイ マズイ
その後息子は前向きに勉強するようになったけど
ここのところ点数が高いので過去問をやる息子を後ろからコッソリ見てたら
やっぱりカンニングしてる!!
ちら
油断してまんがを読んでるし
息子よ大丈夫なのか？パパは心配だ
ハラ
ハラ

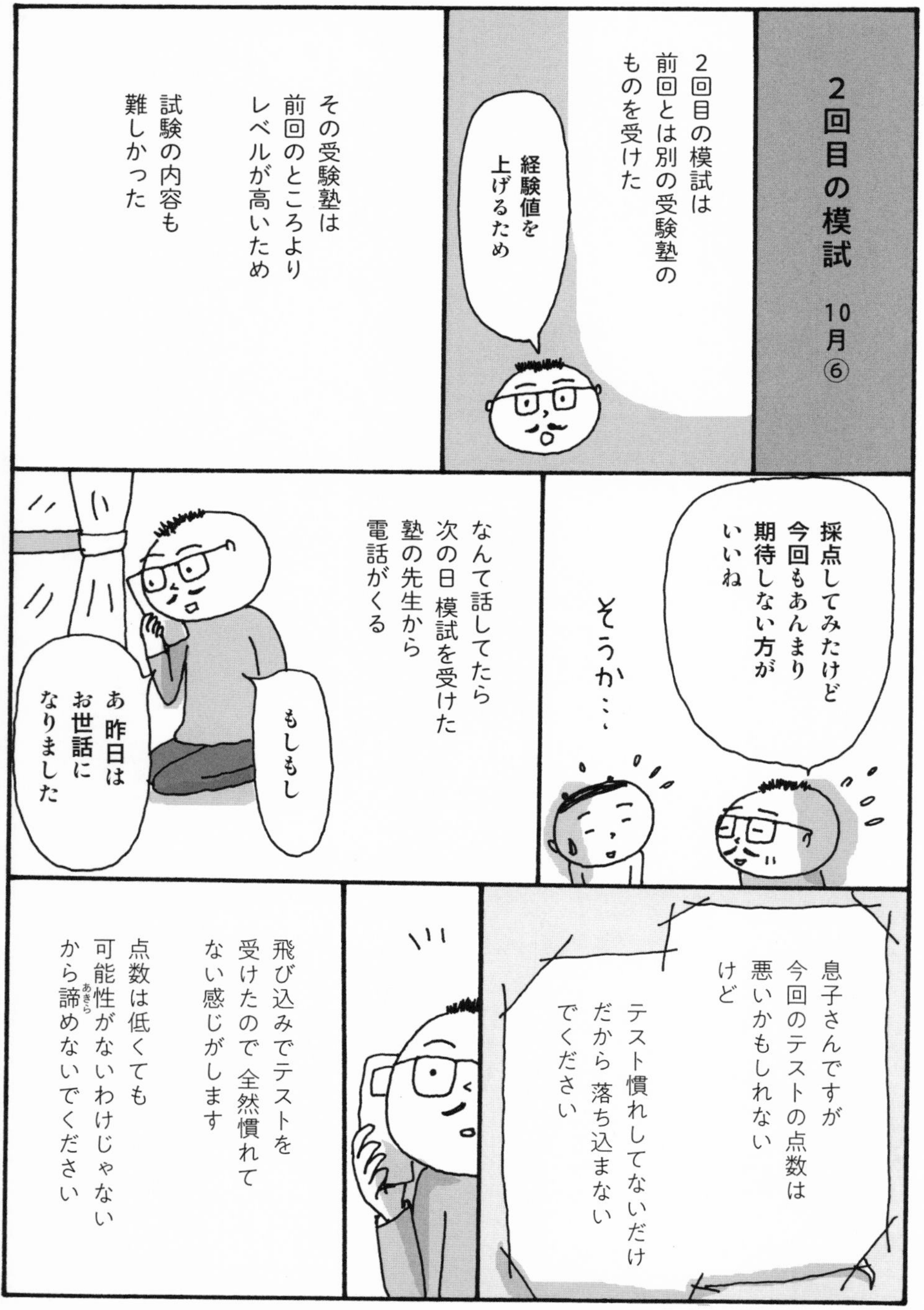
2回目の模試
10月⑥
2回目の模試は前回とは別の受験塾のものを受けた
経験値を上げるため
その受験塾は前回のところよりレベルが高いため試験の内容も難しかった
採点してみたけど今回もあんまり期待しない方がいいね
そうか…
なんて話してたら次の日模試を受けた塾の先生から電話がくる
もしもし
あ 昨日はお世話になりました
息子さんですが今回のテストの点数は悪いかもしれないけど
テスト慣れしてないだけだから 落ち込まないでください
飛び込みでテストを受けたので 全然慣れてない感じがします
点数は低くても可能性がないわけじゃないから諦《あきら》めないでください

ありがとうございます
もっといろんな学校のプレテストを受けて試験慣れしてください
算数は良い所まで詰めて出題者がひっかけた所にひっかかってる様子があるのでしっかり対策すれば大丈夫
国語は得点高めだけど漢字の書き方に癖があってトメ・ハライ・ハネをきちんと書くよう気をつけるように
ありがとうございます
参考にします!!
2回目の模試の塾はレベルが高かったから
「身の程《ほど》知らずが来た」って笑われるかと思ったんだ
こんなに親切にフォローしてくれると思わなかったよ
ありがたいねえ
嬉しいねえ

2回目の模試の結果が届く
偏差値37
合格率20%
わあ
2週間でココまで上がったんだね!!
すごいよちーと君!!
よかった…本当によかった
ヤッター
バンザイ
バンザーイ
ヒャホー
でも普通合格率20%と言われて喜ばないよな…
ツレだけ冷静→

その後
受験用の写真を
撮りに行き
インフルエンザの
予防接種を
3人で受けに
行く
引き続き
受験生活
難しい問題を
やらせたら
できなくて
ベランダで体育座り
そんなんで
どうする
受験
やめるか？
やめない
じゃヒントを
集めてみた
から
それを見ながら
一緒に勉強
するか？
うん
すっ
相変わらず
こういうやり取りを
してます

いまの息子の考え

息子が突然

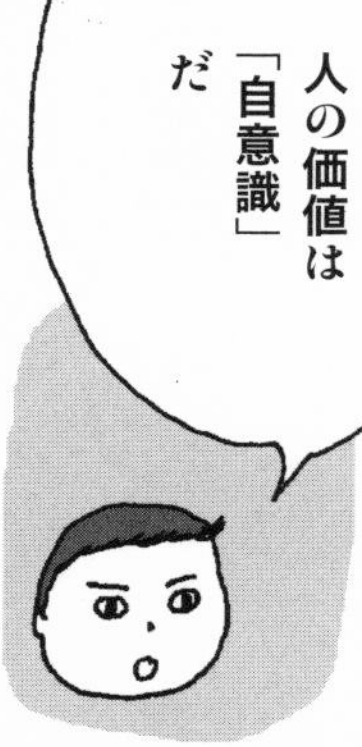

と言った

学校の人権の授業で
「人の価値とは何？」
を学んだようだ

人は外側にあるもので

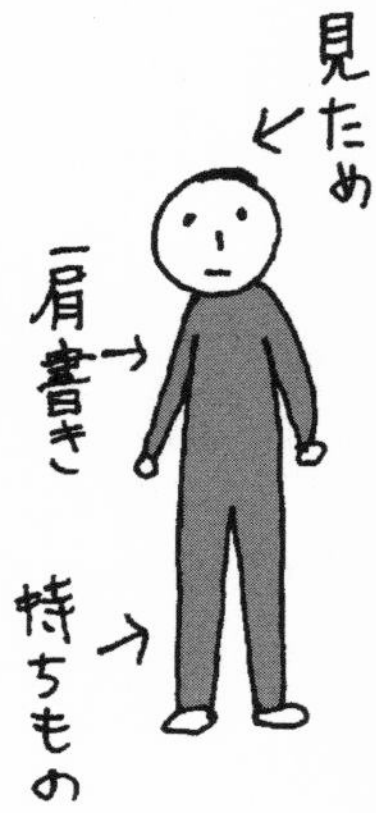

価値を測ってしまうけど

人の価値は外側にある
何かではない

その人がどういうふうに
自分を持ってるか
その人の心の持ち方が
人の価値

このことを「自意識」
だと思ったらしい

息子は
自分のペースで
自意識を
確認してるのかも
しれない

息子にどこを歩きたいか聞いてみた
本道
脇道
野原（道は無い）
息子の答えはココ
てゆーかさ
どれが
本当の道かは
わかんなくね？

油断をするな　11月①
合格率0％です
考え直した方が
いいでしょう
と言われてた息子が
合格率20％まで上がった
やったぞーい!!
イヤイヤ
ちょっと
待て
しばらく
合格率
20％ってさ
合格
100％
半分にも届いて
ないんだよ
50
ココ
今
20
0％
わかってる？

50%まで届いたとしてもまだまだ
受かるかどうかわからないんだよ？
そんなに喜んでていいの？
私は「受験」をちゃんとしたことがないのでよくわかってない
高校は何となく受けたら
合格したし
息子も初めてなので全然わかってない
ツレだけが受験をちゃんとしたことがあるので
こんなところで油断してちゃダメなんだよーー
どかーーん
バクハツしたぞ〜ひなんしろ〜
ひとりでキリキリしていた

3回目の模試
鉛筆は5本以上入れたな？
解答欄は全部埋めるように
うん
うん
頑張って
受験まであと76日
じーー
受験まであと76日
まだ76日あると考えればよいのか
もう76日しかないと考えればよいのか…

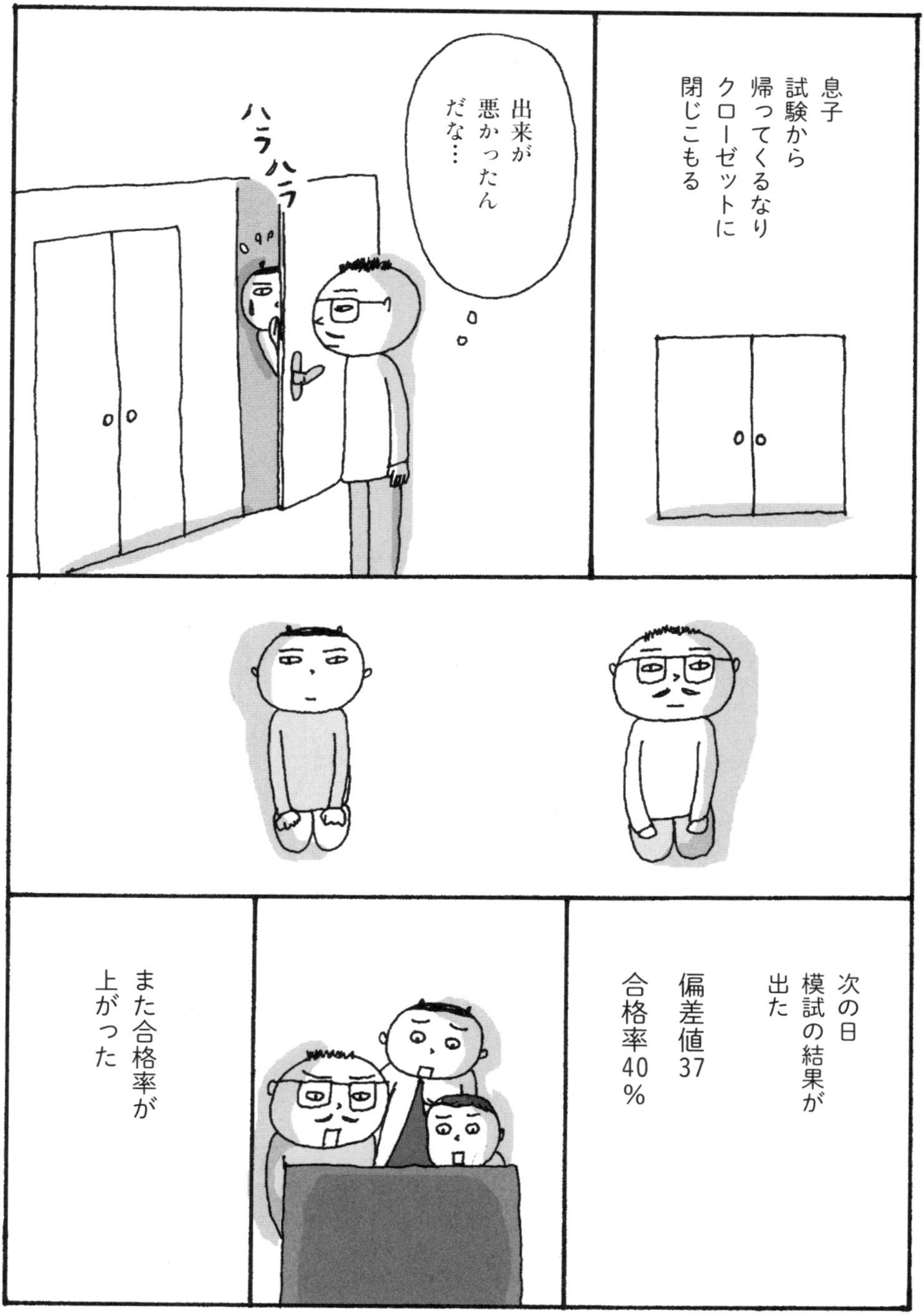
息子
試験から
帰ってくるなり
クローゼットに
閉じこもる
ハラハラ
出来が
悪かったんだな…
次の日
模試の結果が
出た
偏差値37
合格率40%
また合格率が
上がった

もう ひとふんばり 11月②
3回目の模試 偏差値は以前と変わらなかったけど合格率は20%上がった
やったぞーい
このまま頑張っていけばいけるんじゃない？
合格も夢じゃないいんじゃない？
……
40%は半分より低い 油断は全然できない
でも
このまま伸ばしていけば合格できるかも…

今はすなおによろこぼうやったぞーい
でも…すぐに次の壁が来る
オイオイウソだろ…
息子の算数の過去問以前やったのをもう一度やらせたら
以前とまったく同じ答えを書いて同じ点数!!
49
49
国語も以前やったものをやらせたらほぼ同じ答え
74
74
これは…
振り返りがまったく頭に入ってないということだ!!
なんてこった…

ちーと君!!
これじゃダメだよ!!
どがーん
ツレ噴火する
息子クローゼットにこもる
バタン
そんなんでどうするっ
もうひとふんばりしないと不合格になるぞっ
難しい中学受験て
ハラハラ
難しい…
次の日の朝
息子は口をきいてくれず
そのまま学校へ行った
何かが嫌になったんだな…

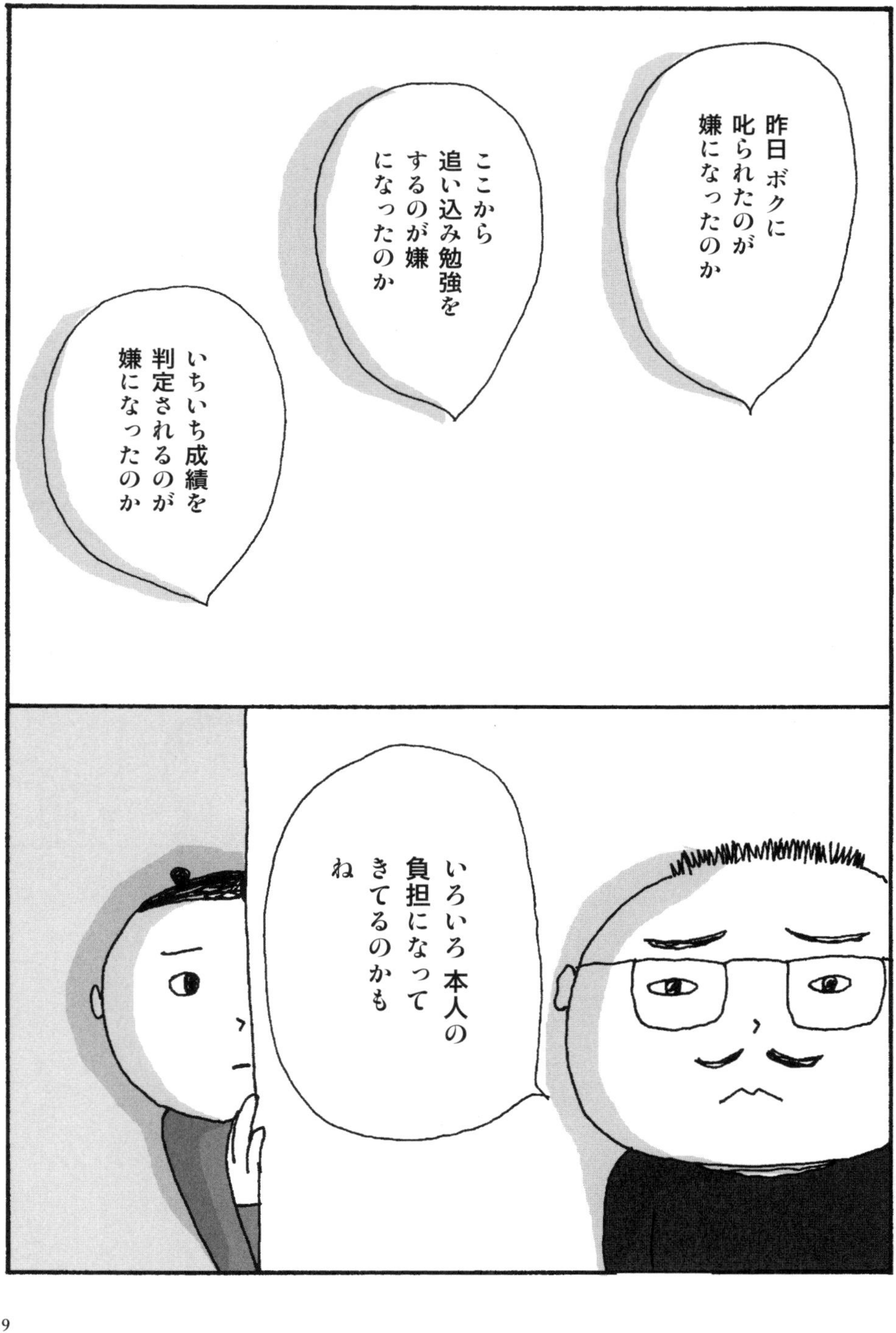

昨日ボクに
叱られたのが
嫌になったのか
ここから
追い込み勉強を
するのが嫌
になったのか
いちいち成績を
判定されるのが
嫌になったのか
いろいろ本人の
負担になって
きてるのかも
ね

立ち止まって考える
11月③
どこかのお母さんが
公立に進むような子たちは負け組でちゃんとした仕事に就《つ》けず結婚もできない人生が待ってるのだからそういう子たちと一緒にいてはダメよ
と言ったとか…
なんだそりゃ
ずいぶん偏《かたよ》った考え方だね
ボクはもともと息子に中学受験をさせるのは反対だった
ノビノビと小学校生活を過ごしたまま卒業して公立の中学に進めばいいと思ってた
中3になれば 誰もが自分で受験勉強をできるようになる
そこで受験をすればいいと思ってた

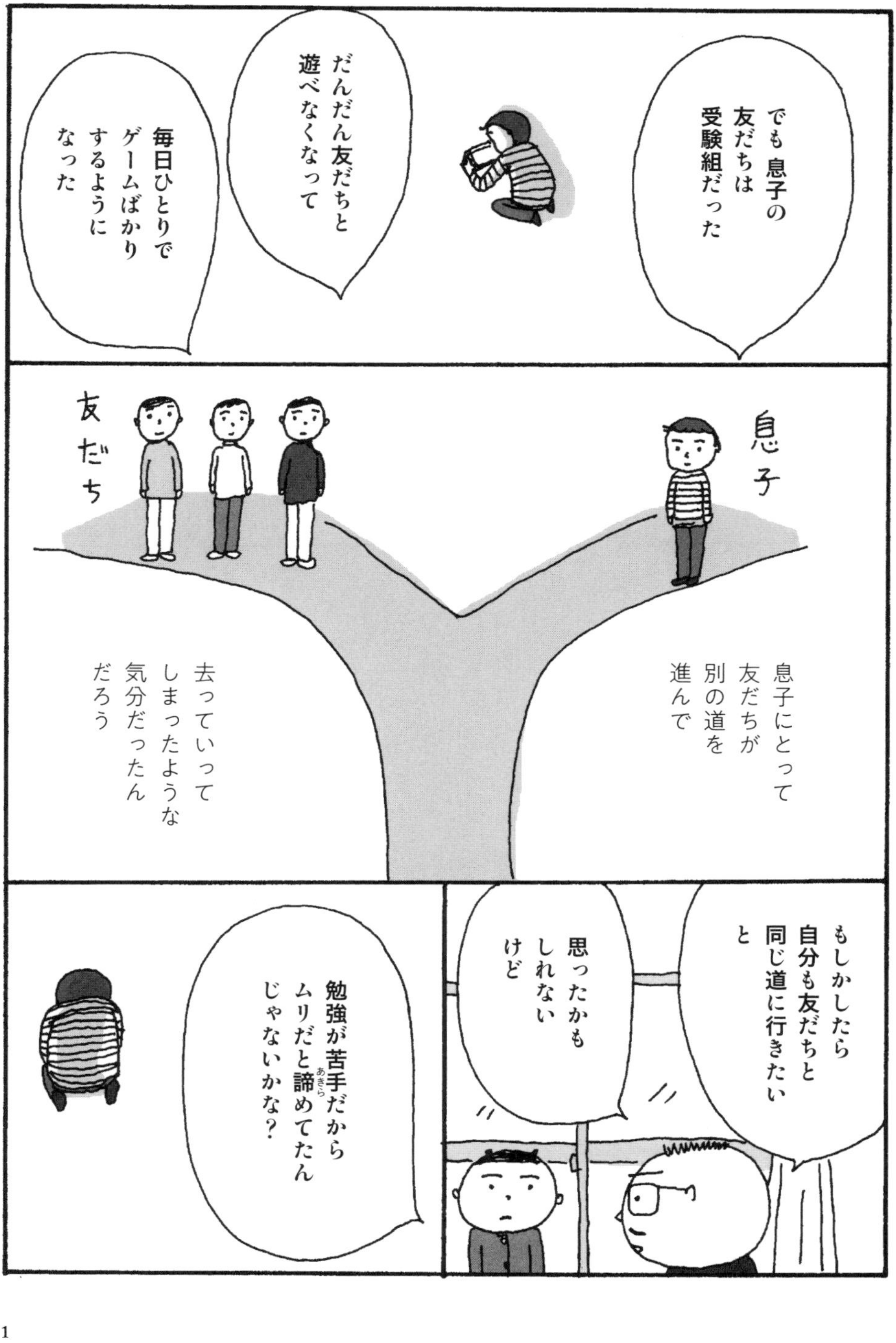
でも息子の友だちは受験組だった
だんだん友だちと遊べなくなって
毎日ひとりでゲームばかりするようになった
息子
友だち
息子にとって友だちが別の道を進んで
去っていってしまったような気分だったんだろう
もしかしたら自分も友だちと同じ道に行きたいと
思ったかもしれないけど
勉強が苦手だからムリだと諦《あきら》めてたんじゃないかな？

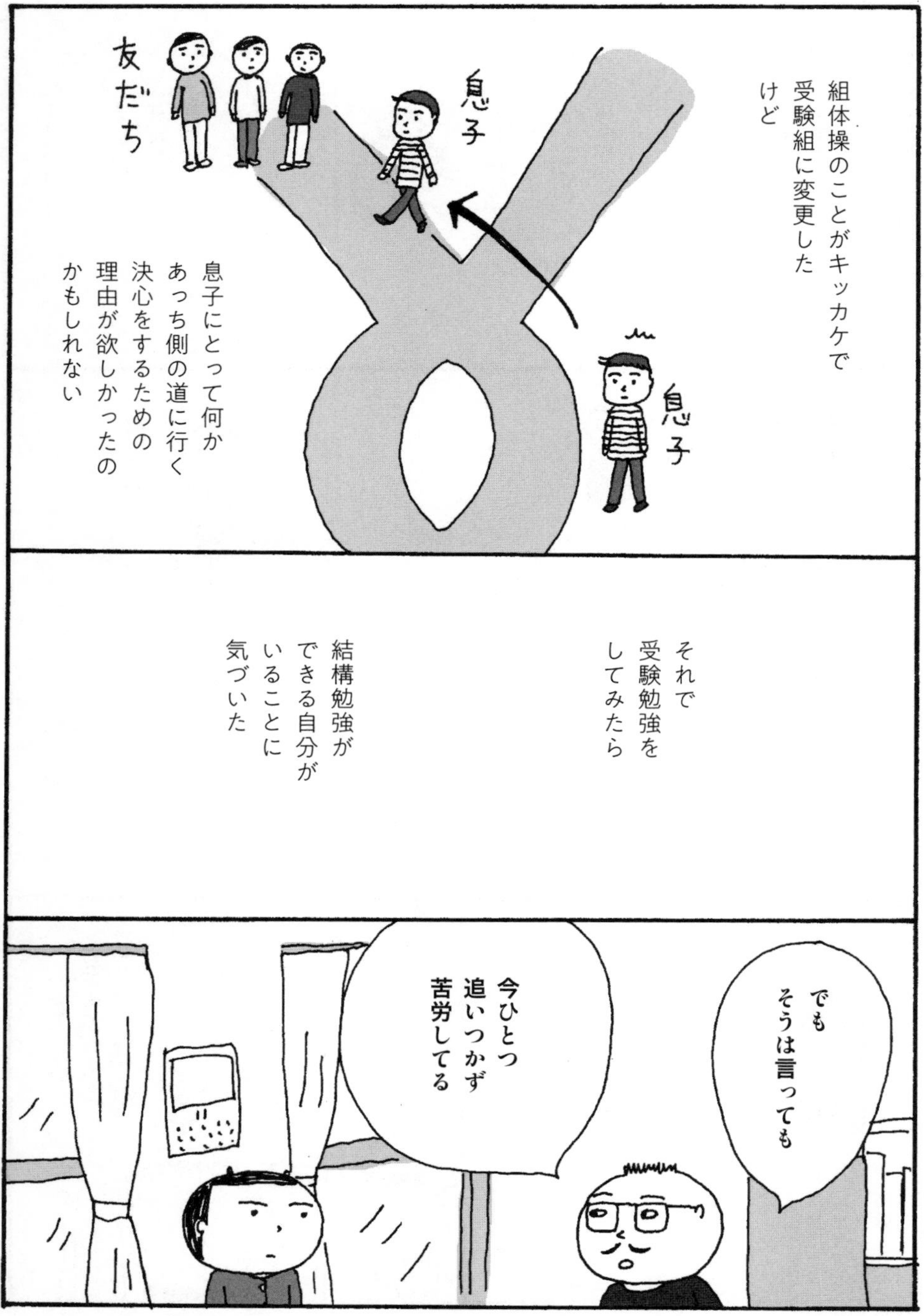
組体操のことがキッカケで受験組に変更したけど
息子
息子
友だち
息子にとって何かあっち側の道に行く決心をするための理由が欲しかったのかもしれない
それで受験勉強をしてみたら
結構勉強ができる自分がいることに気づいた
でもそうは言っても
今ひとつ追いつかず苦労してる

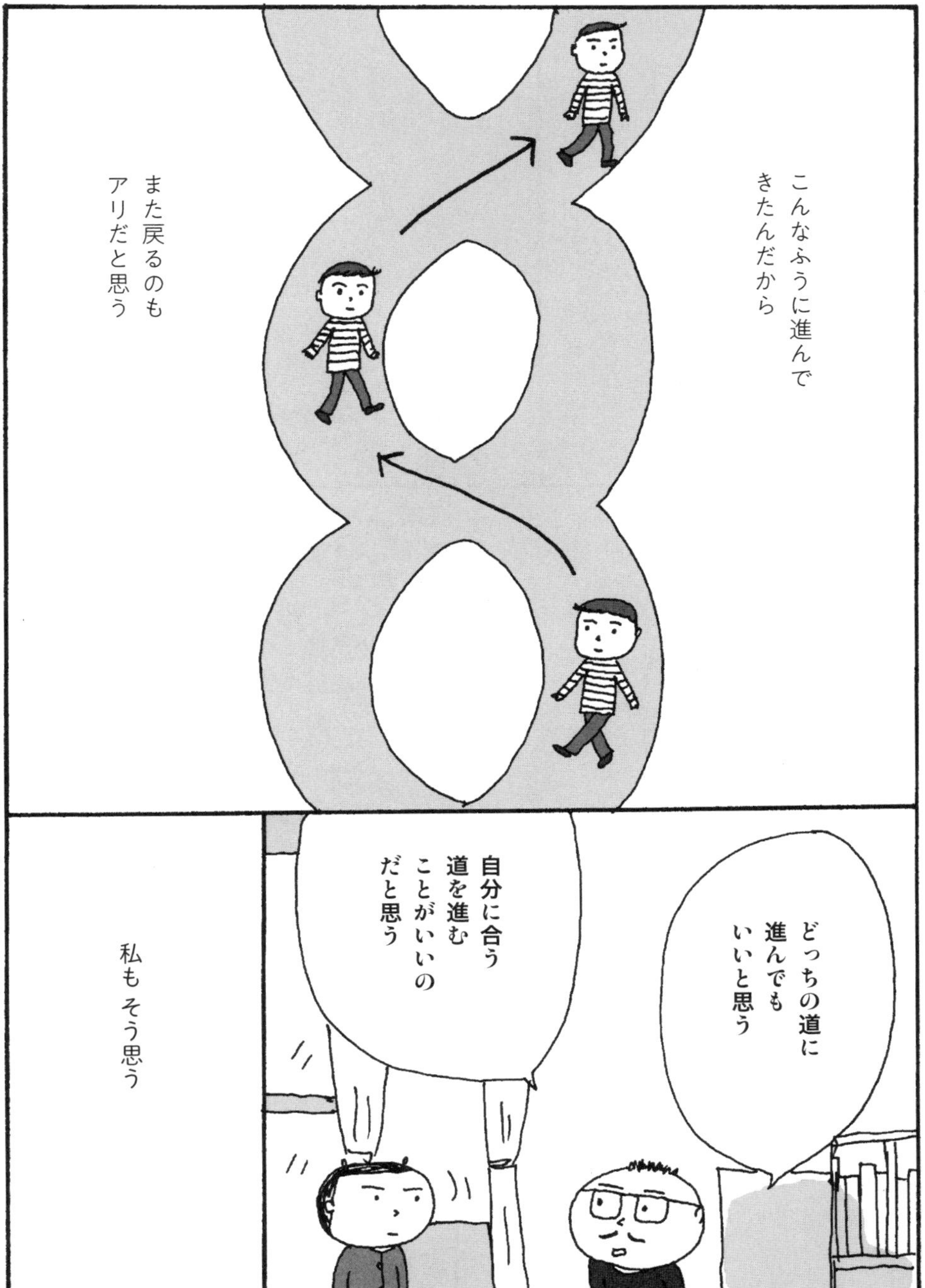
こんなふうに進んで きたんだから
また戻るのも アリだと思う
どっちの道に 進んでも いいと思う
自分に合う 道を進む ことがいいの だと思う
私も そう思う

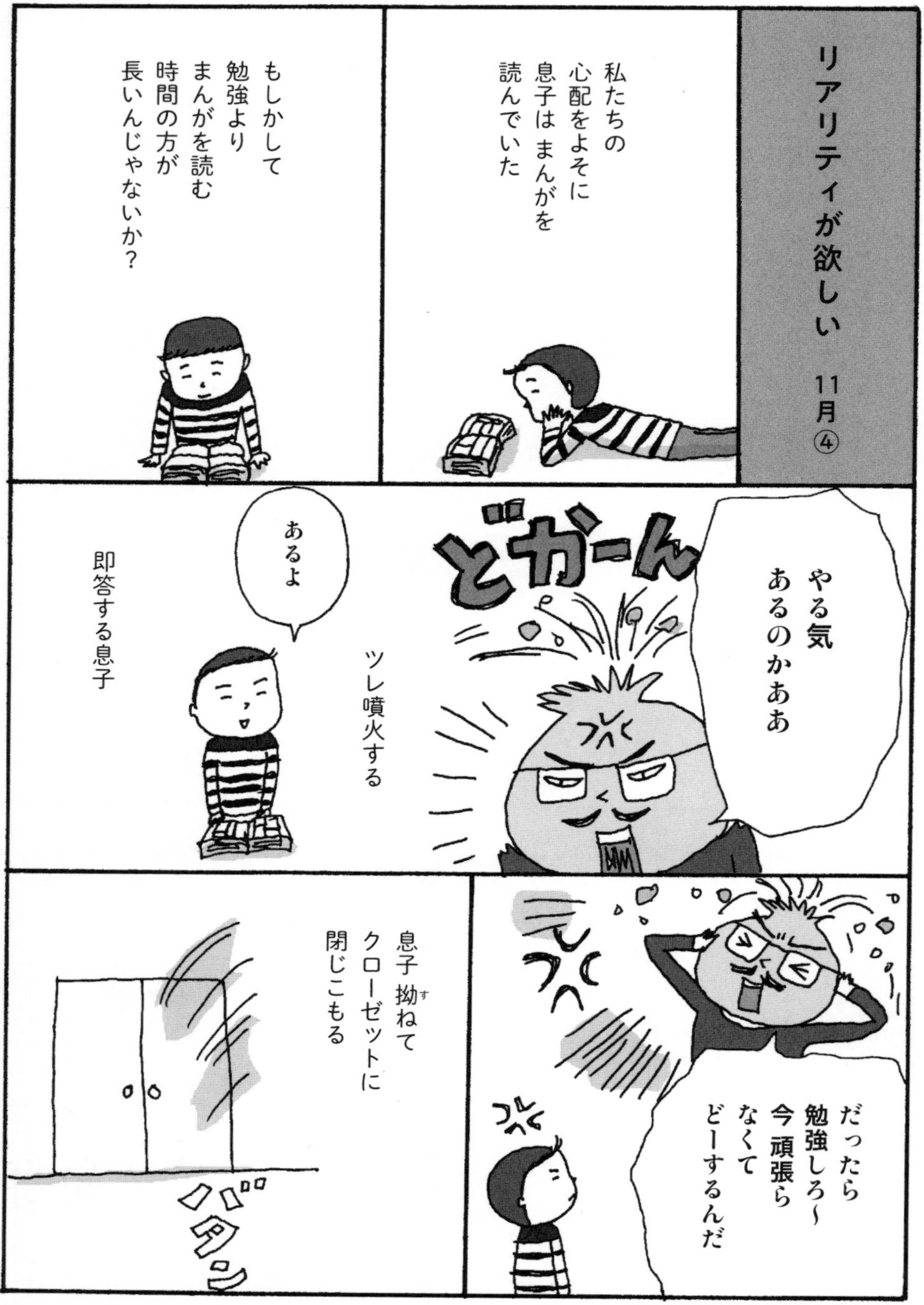
リアリティが欲しい
11月④
私たちの心配をよそに息子はまんがを読んでいた
もしかして勉強よりまんがを読む時間の方が長いんじゃないか？
やる気あるのかあああ
どかーん
ツレ噴火する
あるよ
即答する息子
だったら勉強しろ～今頑張らなくてどーするんだ
息子拗《す》ねてクローゼットに閉じこもる
バタン

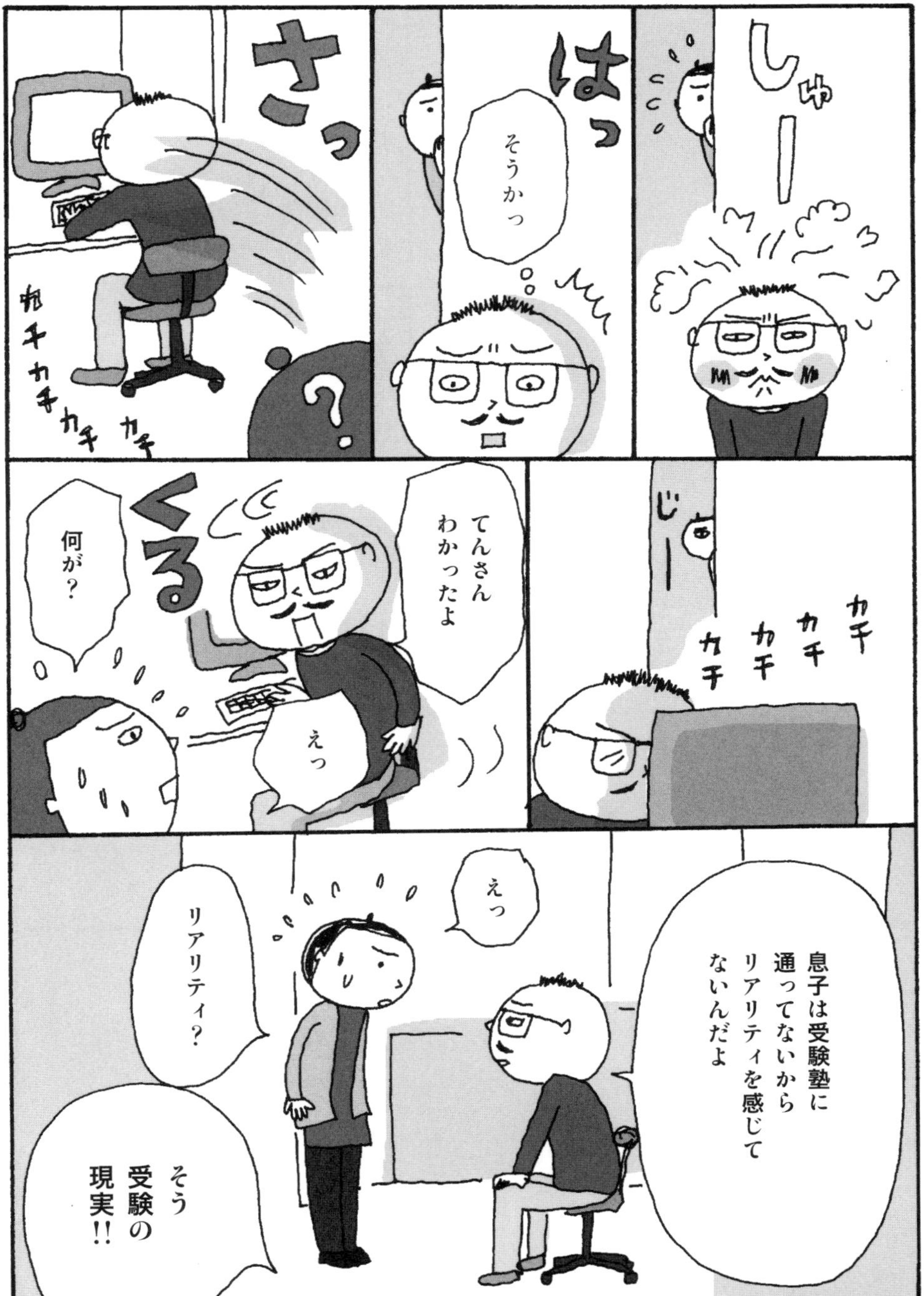
しゅーー
はっ
そうかっ
さっ
カチカチカチカチ
じーー
カチカチカチ
てんさんわかったよ
くる
何が？
えっ
息子は受験塾に通ってないからリアリティを感じてないんだよ
えっ
リアリティ？
そう受験の現実!!

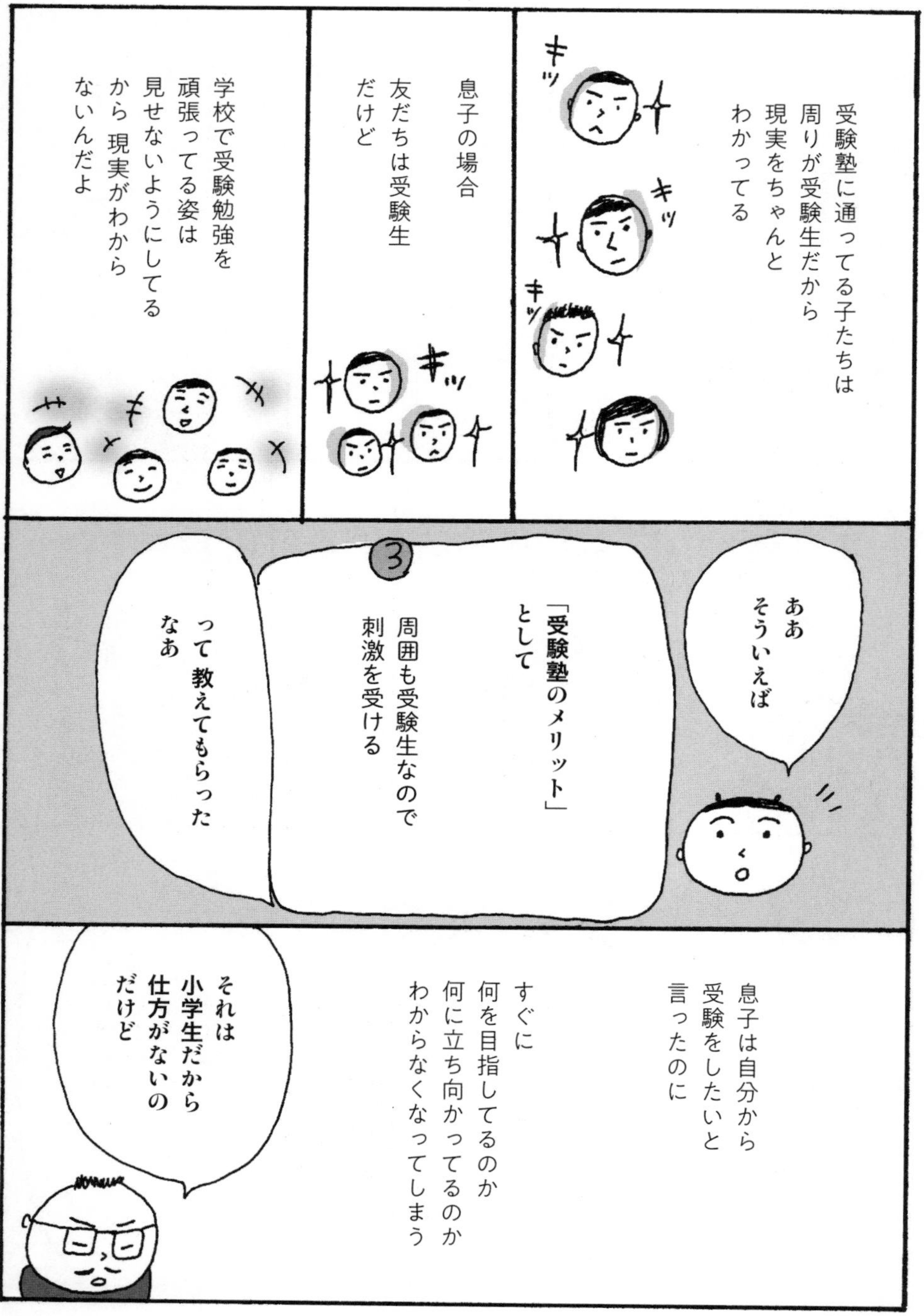
受験塾に通ってる子たちは
周りが受験生だから
現実をちゃんと
わかってる
キッ
キッ
キッ
息子の場合
友だちは受験生
だけど
キッ
学校で受験勉強を
頑張ってる姿は
見せないようにしてる
から 現実がわから
ないんだよ
3
ああ
そういえば
「受験塾のメリット」
として
周囲も受験生なので
刺激を受ける
って 教えてもらった
なあ
息子は自分から
受験をしたいと
言ったのに
すぐに
何を目指してるのか
何に立ち向かってるのか
わからなくなってしまう
それは
小学生だから
仕方がないの
だけど

今の息子に
必要なのは一緒に
受験を頑張ってくれる
友だちなんだ
同じような
状況の友だちと
いたら
その子たちを見て
自分も受験生なんだと
自覚できるように
なるんじゃない
かな？
それに気づいた
ので今ネットで
調べて中学受験
のまんがを
買った!!
まんがを…
息子は
まんがが
好きだから
まんがだったら
息子の友だちに
なってくれる
ハズ
ツレは
『二月の勝者※』
を全巻
まとめて買った
届いた本を
息子は
何度も何度も
繰り返し読んだ

※『二月の勝者―絶対合格の教室―』（高瀬志帆、小学館）

初プレテスト
11月⑤
まんが『二月の勝者』は孤独な受験生だった息子の大切な友だちになった
オレの友だち
そして私たちにとっても先生代わりになった
えっ
中学受験で第一志望に受かる子は全体の13%程度なの?!
ガーン
これは…何校か志望校を選んだ方がいいんじゃないだろうか…
息子は気を取り直したのか勉強が進み
以前より要領よく問題を解けるようになってきた
ツレの方は
息子が苦手としてるやつ
理解してるのに間違うやつ
簡単に解けるやつ
新しい問題を見ると瞬時に見分けることができるようになってきた

初プレテストの日がやってきました
プレテストとは志望校と同じくらいの偏差値の学校に受験本番と同じようにテストを受けに行くシステム
本番の練習とは言え
なかなか緊張します
受験生はこちらに来てください
保護者の方はあちらに
がんばってね
オッケー
子どもたちが試験を受けてる間親は学校の説明を聞きます

なんかさー
私 この学校
いいと思うんだけど
息子に合ってるというか
ウン ボクも
そう思った
テストが終わった
息子にも聞いてみた
ちーと君は
どう思った?
この
学校
ガタン ゴトン
通ってもいい
と思った
全員の
意見
一致
『二月の勝者』に
出てくるクロッキーが
必ず併願校
を決めなさいと
言ってたし
決定
この学校を
候補に
入れよう!!
このことを
友だちに
言うと
それ
すごく
わかる!!

ウチの時も本命以外に4校説明会に行ったけどそれぞれ良かった
毎回この学校でもいいかなぁって迷ったわ
本命1本だと気持ちがしんどいから何校か選んでおくのはいいと思うよ!!
プレテストの結果が出ました
合格率50% B判定
問題の解き方はわかってたんだけど…
緊張したらしくケアレスミスが多かった
こういうのが中学受験のコワイ所だな
本番も似たり寄ったりの子が集まるから凡ミスをしなかった子が合格するんだろうね
いろいろわかってよかったね
プレテストで私たちの視野が広がりました

プレッシャー
11月⑥
補習塾の先生がまた参考書を送ってくれたありがたい
受験まで60日いよいよ2カ月を切る
『二月の勝者』を真剣に読む息子
『二月の勝者』には電車好き男子が受験生として登場する
息子は1歳半から電車が好きで「青春18きっぷ」を使って親子で全国の電車に乗りに行ってた
カシオペアも乗った
ゆいレールも乗った
北海道
博多
東京
18きっぷ以外でも日本各地の電車に乗りにいった
それで日本の地理に詳しくなったのでは
きっと電車好きの子と自分を重ねてるんじゃないかなぁ
と勝手に想像した
そろそろ勉強しろ〜
じー

早くも2回目の
プレテストの日
が来た
今日テストを受ける
学校は都会の
真ん中にあり
電車を乗り継いで
1時間かかる
私は仕事で
行けなかった
都会らしく
8階建て
の学校
息子がテストを受けてる
間は説明会
うーん
この学校も
いいなあ
終了後
息子の機嫌
が悪かった
オイオイ
どーした？
勝手に
どこかに
行ってしまう
テストが始まって
すぐにカッカッカッ
と答えを書く音がして
プレッシャーを感じ
集中できなかった
らしい

そういう周りのプレッシャーを感じるようになったんだな
結果は合格率20%D判定
志望校より少し高い偏差値の学校だったからしょーがないよ
プレテストは試験慣れするための練習だから
今は繰り返し経験をして慣れることを積み重ねるのが大事

しわす
12月①
12月になりました
ラスト ワンマンス!!
12月は毎週末模試かプレテストがあります
4回目の模試の直前
私の仕事の都合で3人で出張しなくちゃいけなくなりました
新幹線の中で勉強できるよう参考書を持って行こう
ウン
移動時間中に勉強する予定でしたが…
ZZZ
しょーがないよなぁ移動中に勉強なんて
大人でも集中力いるもんなあ

思うように勉強ができないまま
4回目の模試を受けることになりました
受験まであと48日
どんな結果が出てもちゃんと受け止めよう
それをどう今後に活かせるか考えよう
受験まであと48日
でもなぁ
あと1ヵ月ちょっとしかないのに
ホントに大丈夫なのか？
いやいやまだ1ヵ月ある!!
いやーもう1ヵ月しかない…
揺れ動くツレ

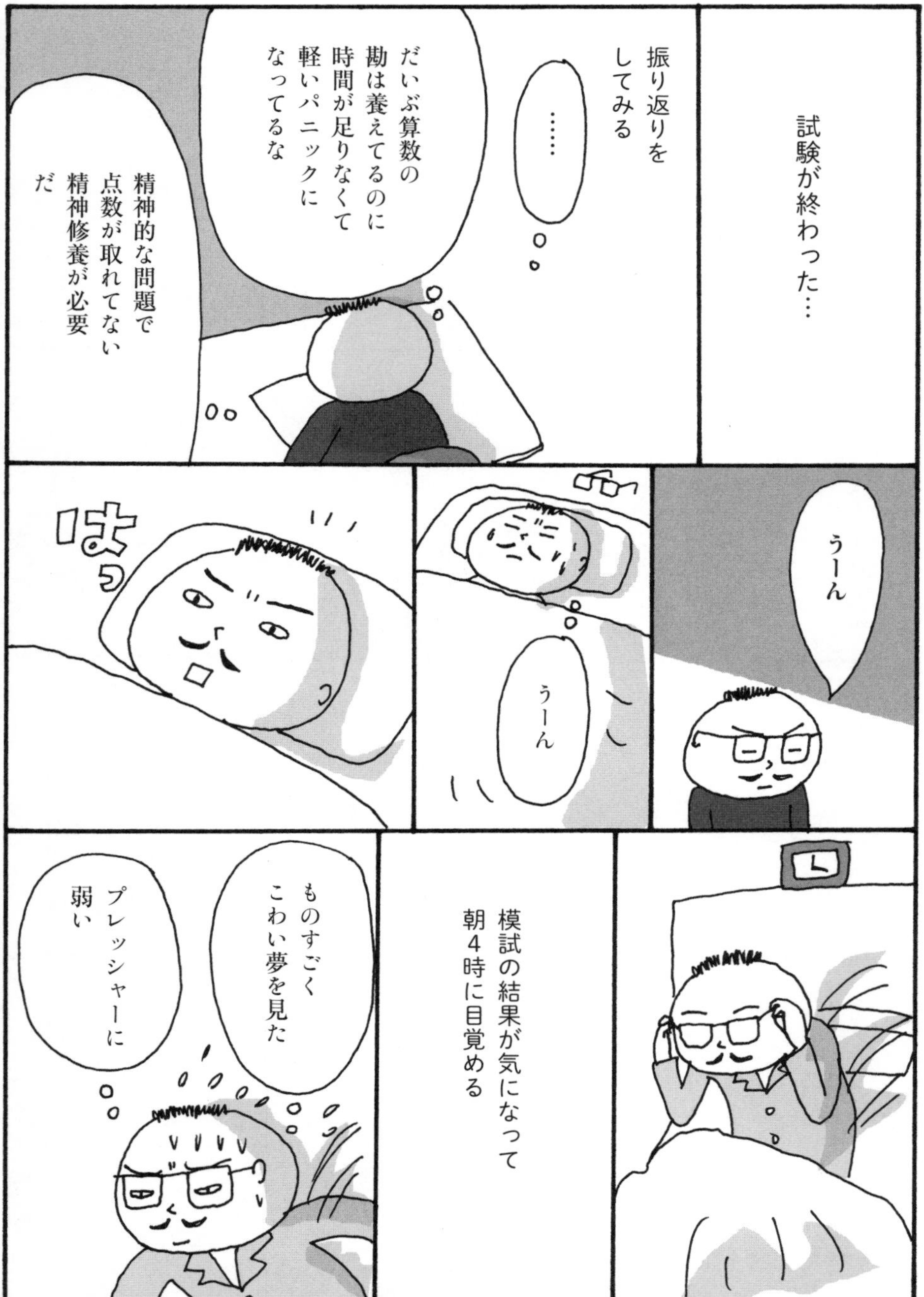
試験が終わった…
振り返りをしてみる
……
だいぶ算数の勘は養えてるのに時間が足りなくて軽いパニックになってるな
精神的な問題で点数が取れてない
精神修養が必要だ
うーん
うーん
はっ
模試の結果が気になって朝4時に目覚める
ものすごくこわい夢を見た
プレッシャーに弱い

パソコンを立ち上げて
模試の結果を見る
こんな朝早くから
ふあー
何してんの？
昨日の模試の結果が出たんだ…
えっ
偏差値42
合格率70％

がんばれ
12月②
いいか
野球に
例えると
最初16点離された
ところからスタート
して
7回まで来て
20対18まで
追いついた感じだ
試験の前に
勉強できなかった
のに
できたってことは
実力がついてきたって
ことじゃないか
やったぞーい!!
この調子で
頑張って
逆転ホームラン
を狙おう!!
ウン!!
大丈夫だ
まだ1ヵ月
ある!!

次の週末は 3回目のプレテスト
山の上にある とても広い 学校
前回のプレテストで 息子が拗《す》ねて はぐれた経験が あるので
オイ オイ
もし試験が うまくできなかった としても
ひとりで 抱え込んで 拗《す》ねない ように
オレたち チームなんだから チームメイト のことも 気にしてくれよ
と言ったら 帰りに手をつないでくれた

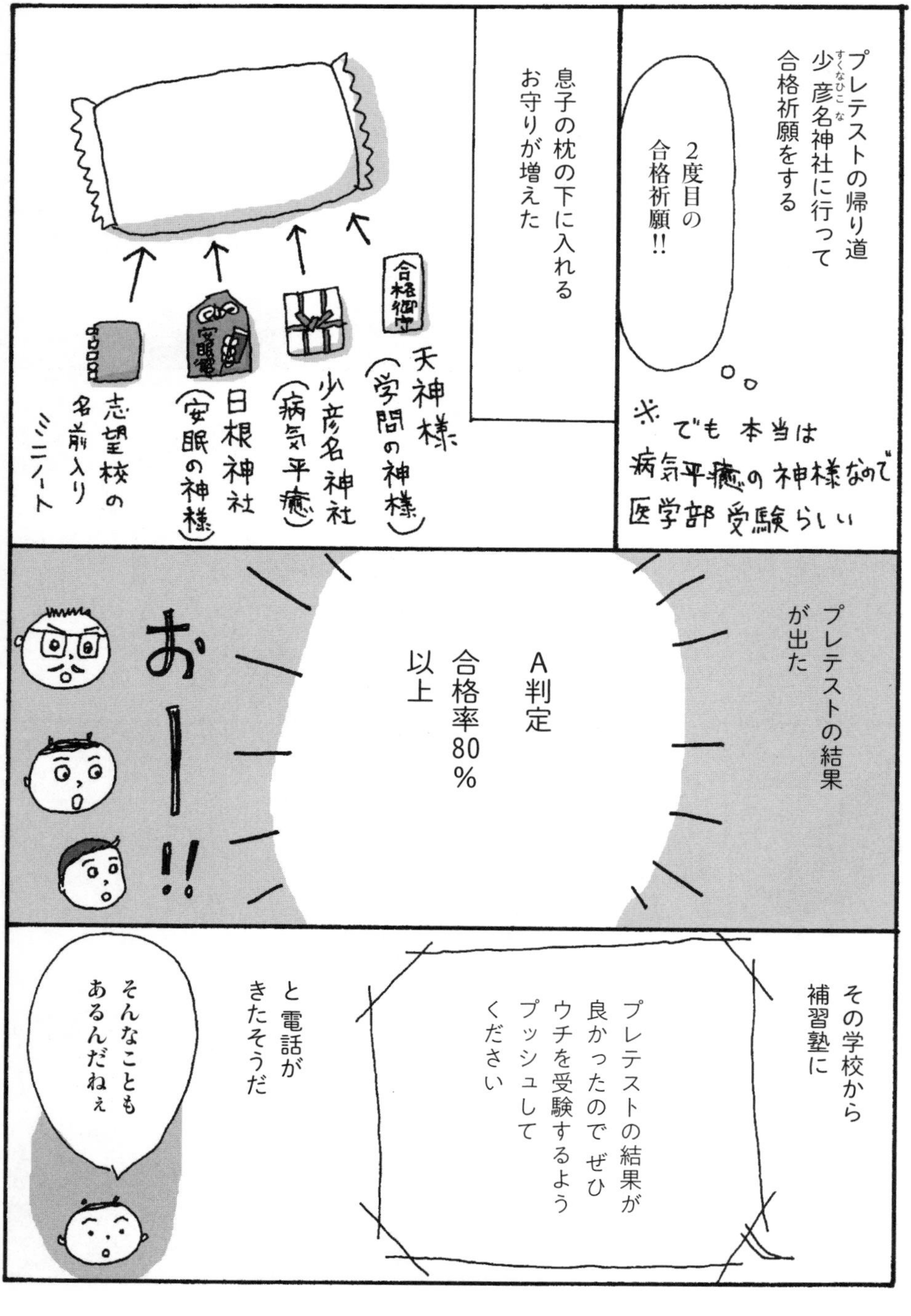
プレテストの帰り道
少彦《すくなひこ》名《な》神社に行って
合格祈願をする
2度目の合格祈願!!
※でも 本当は 病気平癒の 神様なので 医学部受験らしい
息子の枕の下に入れるお守りが増えた
合格御守
天神様(学問の神様)
少彦名神社(病気平癒)
安眠
日根神社(安眠の神様)
志望校の名前入りミニノート
プレテストの結果が出た
A判定
合格率80%以上
おー!!
その学校から補習塾に
プレテストの結果が良かったのでぜひウチを受験するようプッシュしてください
と電話がきたそうだ
そんなこともあるんだねぇ

もうすぐ
クリスマス
以前プレテストを
受けに行った学校から
クリスマスカードが届いて
安らぐ
クリスマスカード
見るだけでも
校風が
わかるね
Merry☆
Christmas
Merry Christmas

トラブル　12月③
受験まで38日
息子 体育の授業の跳び箱で右手を痛める
手が痛い
手が痛い
病院に連れていったところ骨に異常はなく捻挫《ねんざ》とのこと
ほっ
鉛筆が持てなくて勉強ができなくなるでもすぐ回復
もうへーき
これからはケガと体調管理に気をつけないとだね
ウン ウン ウン
オッケー

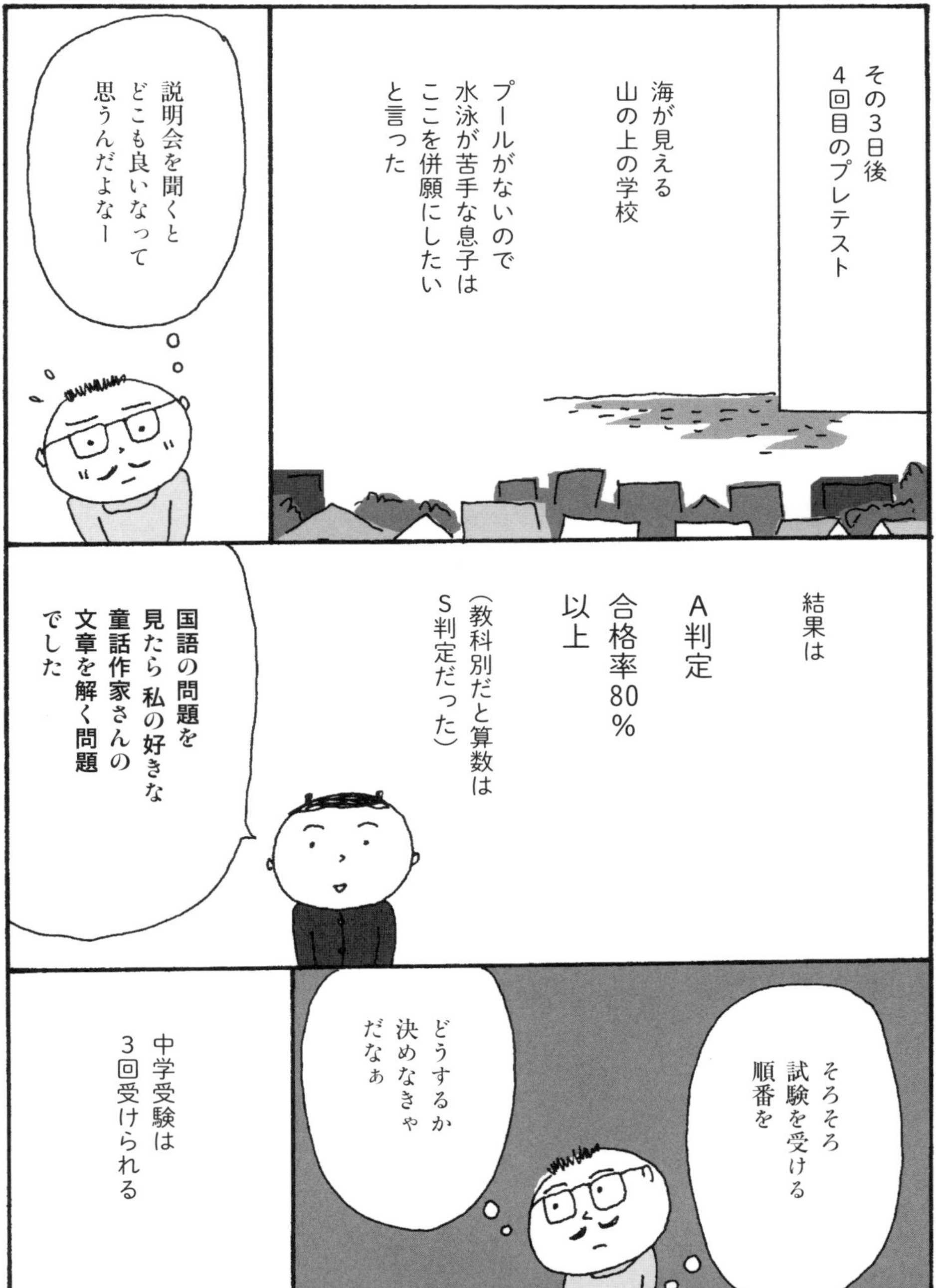
その3日後
4回目のプレテスト
海が見える
山の上の学校
プールがないので
水泳が苦手な息子は
ここを併願にしたい
と言った
説明会を聞くと
どこも良いなって
思うんだよなー
結果は
A判定
合格率80%
以上
(教科別だと算数は
S判定だった)
国語の問題を
見たら私の好きな
童話作家さんの
文章を解く問題
でした
そろそろ
試験を受ける
順番を
どうするか
決めなきゃ
だなぁ
中学受験は
3回受けられる

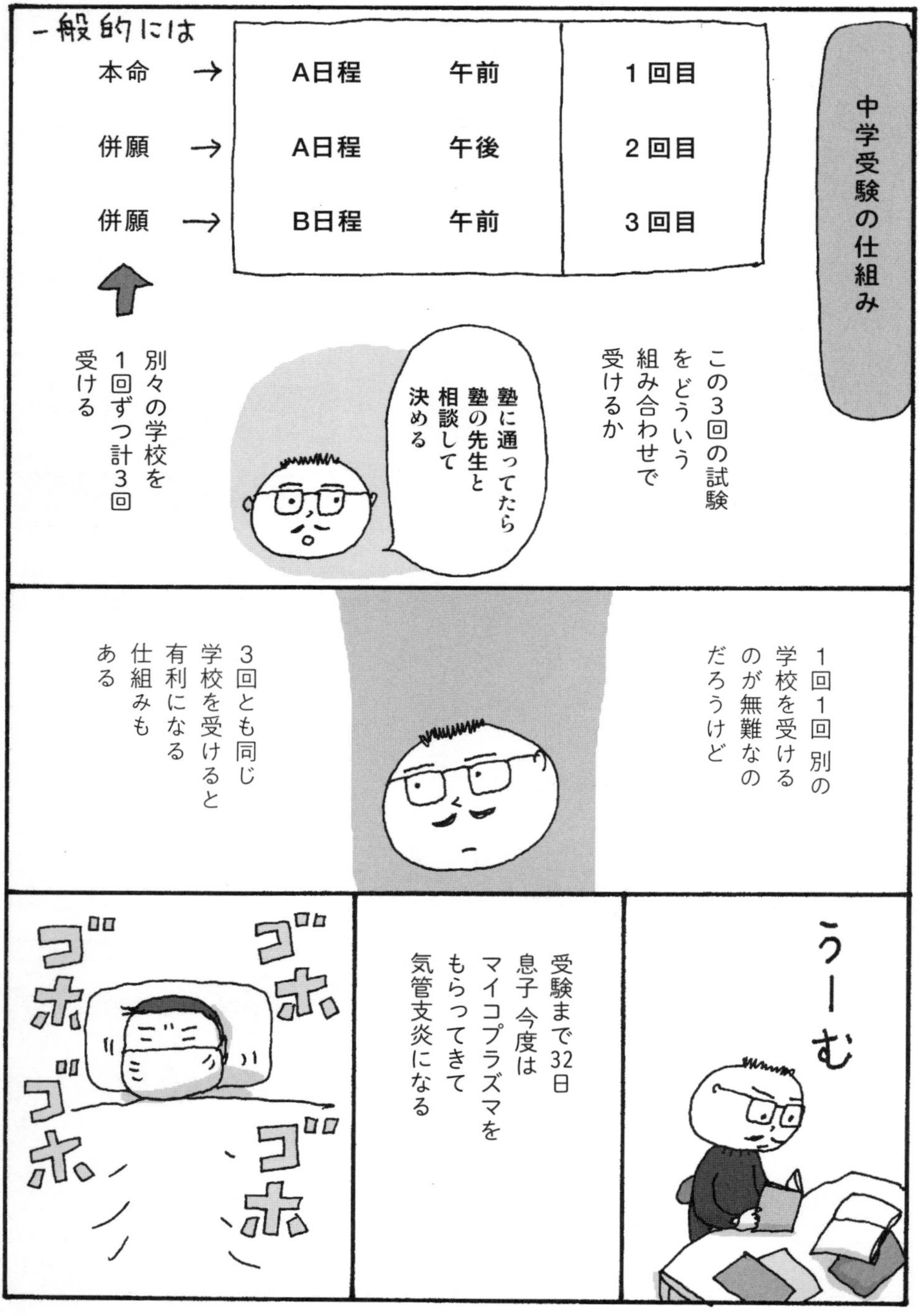
中学受験の仕組み
この3回の試験をどういう組み合わせで受けるか
塾に通ってたら塾の先生と相談して決める
一般的には
本命 → A日程 午前 1回目
併願 → A日程 午後 2回目
併願 → B日程 午前 3回目
別々の学校を1回ずつ計3回受ける
1回1回別の学校を受けるのが無難なのだろうけど
3回とも同じ学校を受けると有利になる仕組みもある
うーむ
受験まで32日
息子今度はマイコプラズマをもらってきて気管支炎になる
ゴホ
ゴホ
ゴホ
ゴホ

咳が出るので
勉強に集中できない
ゴホゴホゴホ
あまりにつらくて
不安になったのか
私のフトンに入ってくる
久しぶりに息子と
一緒に寝る
ゴホゴホ
ゴホゴホ
うつらない
うつらない
大丈夫
そしてついに
出願日
10時ちょうどに
ネット出願する
心配性なので
早く行動する
のが好き
カチ
カチ
3回とも
全部本命校を
申し込んだ
よ
万が一
だめだったら
プレテストで行った
学校の試験が
後期日程で受けられ
るので そこを受験
する
進め方は
決まった!!
あと1ヵ月
これから
追い込みに
入る!!

いろいろ考える
12月④
5回目 最後の模試
受験まで あと 27日
受験まで あと 27日
…
結果
偏差値40
合格率70%
気管支炎になって ずーっと寝てたんだ もんな しょーがないよな
ついに 本命校の合格率は A判定には なりませんでした
中学受験は
精神的な成長が早い子や 地頭の良い子が 圧倒的に有利
努力で埋められない 格差を テストされるようなところが ある

中学入試の対策方法のパターンは3つある
1つ目
「いじわるクイズ」（ひっかけ問題）は同じものが使い回されてるのでそのパターンをできるだけ覚える
ひたすら暗記!!
でもこれはある程度自主的なやる気があって楽しみながらできないと頭に入らない
2つ目
問題を作る先生の気持ちになって解く
この出題者はこういうふうに答えてほしいに違いない
と想像しながら解いていく
3つ目
自分の意志の力で答えを捻《ひね》り出す
問題を正面から受け止めて自分のわかる範囲で答える
これが息子のやり方

息子は…
国語・理科・社会は
3つ目のやり方で
何とかなってる
がっ
算数はなってない
算数だけは
1つ目のやり方を
超早く頭に
入れないと…
これから…
どうする
か…
学校は
冬休みに入る
やー　ここからが
受験生にとって
重要な時期
なんだね
まァ
そうだな
でもさー

ここまで来たら前だけ見て頑張ろう
！
塾では決起式をするんだって
ウチも自宅決起式をしよう
ナヌ？
合格するぞ!!
エイエイオー
さあみんなで!!
エイエイオー
エイエイオー
なんちゅーかノーテンキだな
こうして私たちは半年前には想像もしてなかった世界に進んでいくのでした

6年生 3学期

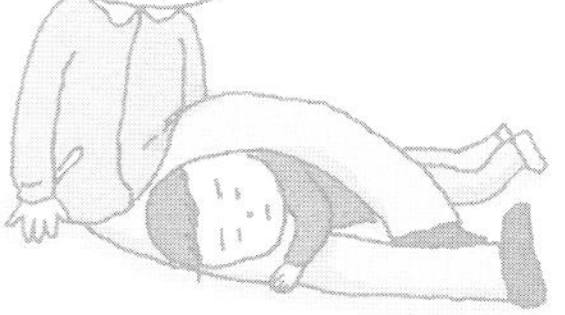

とうとう
1月①
大みそか
なかなか寝られないよーー
いよいよ明日から受験本番の1月に突入することに
みんなで緊張してました
元日の朝合格祈願のエイエイオー
3人で力を合わせて
合格を勝ち取りましょう
エイエイオー
エイエイオー
息子に学力向上の伊達巻《だてまき》を食べさせる
巻物に似てるから学業成就の願いがこめられてる
初詣《はつもうで》
吉
小吉
困難もなく順調であるが遠くに見てる憧れのようなものには届きそうにない
というようなことが書いてあった

初過去問をやる
できなくて
息子クローゼットにこもる
ツレはこんな初夢を見た
息子の試験の本番が来たのに自分は風邪を引いてるから控室に入れてもらえない
うう…
どうか…どうか私を控室に入れてください…
1月2日書き初め
もちろんこの字→
合格
それからはずっと毎日ひたすら過去問

始業式の前日
息子は冬休みの宿題の新聞作り（ニガテ）が終わらず
1日中悩み続ける
夜10時すぎにやっと書き出し一気に30分で完成させる
平将門新聞
始業式
息子は今日だけ登校してあとは受験が終わるまで登校しない
⇒事前に先生に伝えてある
息子のクラスで今日すでにお休みしてた子は4人
明日から休む子は息子を含めて8人
試験日の1週間前から休む子は4人
前日まで登校する子もいるのでクラスの半数近くは受験組の様子

受験者数の倍率速報が出る
どの学校も去年より増えてる
これはキビしい戦いになるかもしれないな…
次の日からいよいよ受験対策に入る
今日から午後2時15分〜45分まで30分間昼寝をさせる
A日程
9:00
午前
12:00
ひるね
16:00
午後
18:00
試験のA日程は午前と午後があるから昼寝をして頭を休ませる作戦
ピッタリ30分
寝て起きる習慣をつける
ピピピピピ
そして息子はあんなに苦労して作った宿題の新聞を提出しないで持ち帰ってきたらしい…
あっ
平将門新聞

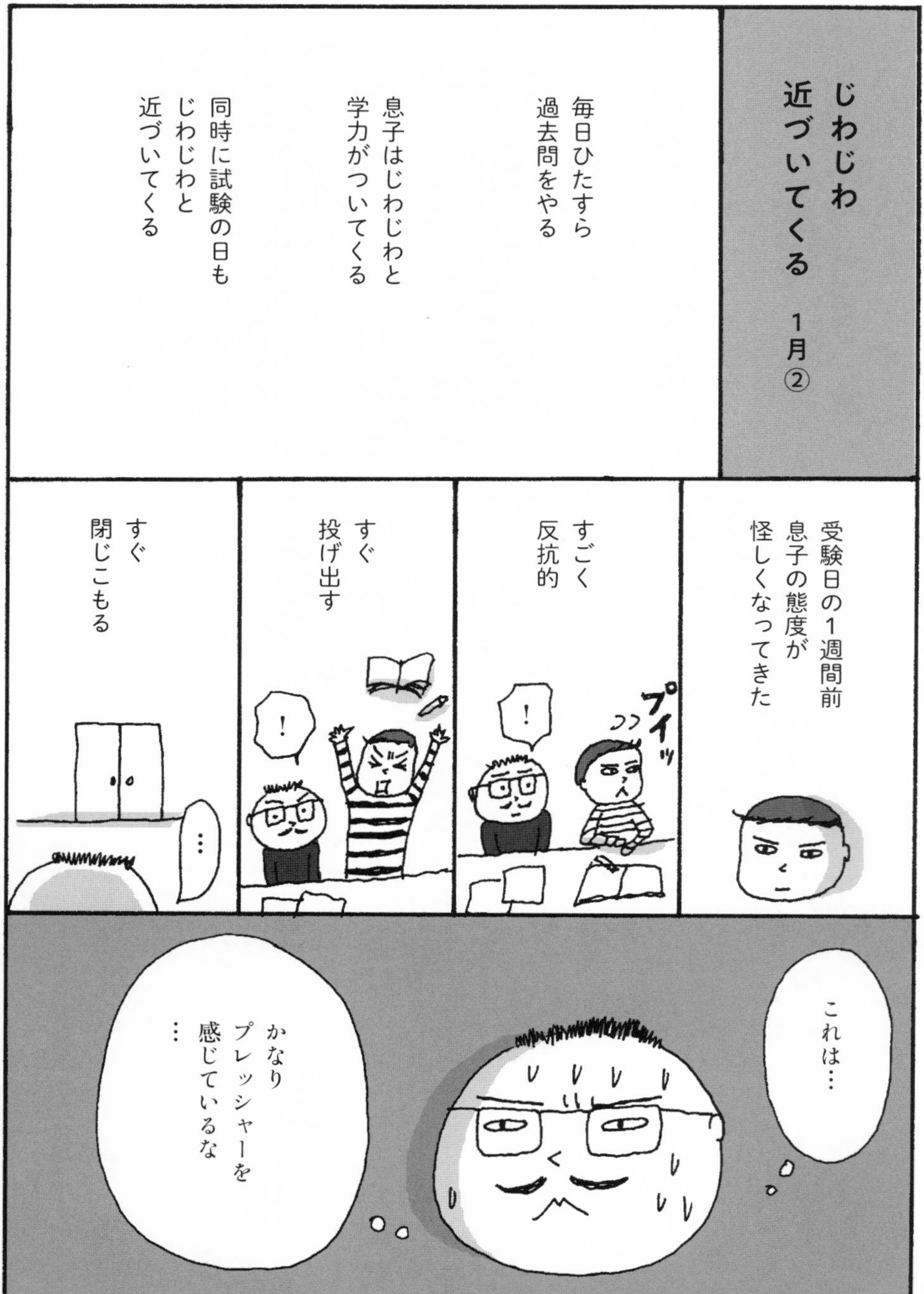
じわじわ近づいてくる
1月②
毎日ひたすら過去問をやる
息子はじわじわと学力がついてくる
同時に試験の日もじわじわと近づいてくる
受験日の1週間前息子の態度が怪しくなってきた
すごく反抗的
プイッ
!
すぐ投げ出す
!
すぐ閉じこもる
…
これは…
かなりプレッシャーを感じているな…

やー私も めちゃくちゃ
キンチョーしてる からさ
ガチン ガチン
それを 悟られない ように笑顔を 心がけてる よ
ギリ ギリ
ムリヤリ 口角 つりあげてる
こういう時こそ ボクが一番 冷静に
腹の据《す》わった どーんとした 雰囲気を出す ように
すう すう
すや すや
ダメだ!! ちっとも 眠れん!!
ツレが一番 ピリピリ していた

いよいよ息子が
ブツ ブツ
ストレス
ストレス
と言い出したので
緊張を
和らげる
呼吸法だよ
ながーく
はいて
ふー
短く
吸う
すう
息子の好きな
吉本新喜劇を
見せる
アハハ
キャハハハ
息子が笑うのを
久しぶりに見た
気がするな…
今の息子は
国語も算数も
過去問をやらせると
90点台
3カ月前に
やった時は
30点台
ずっとテレビも
自由に見られず
勉強してきたん
だもんなぁ…

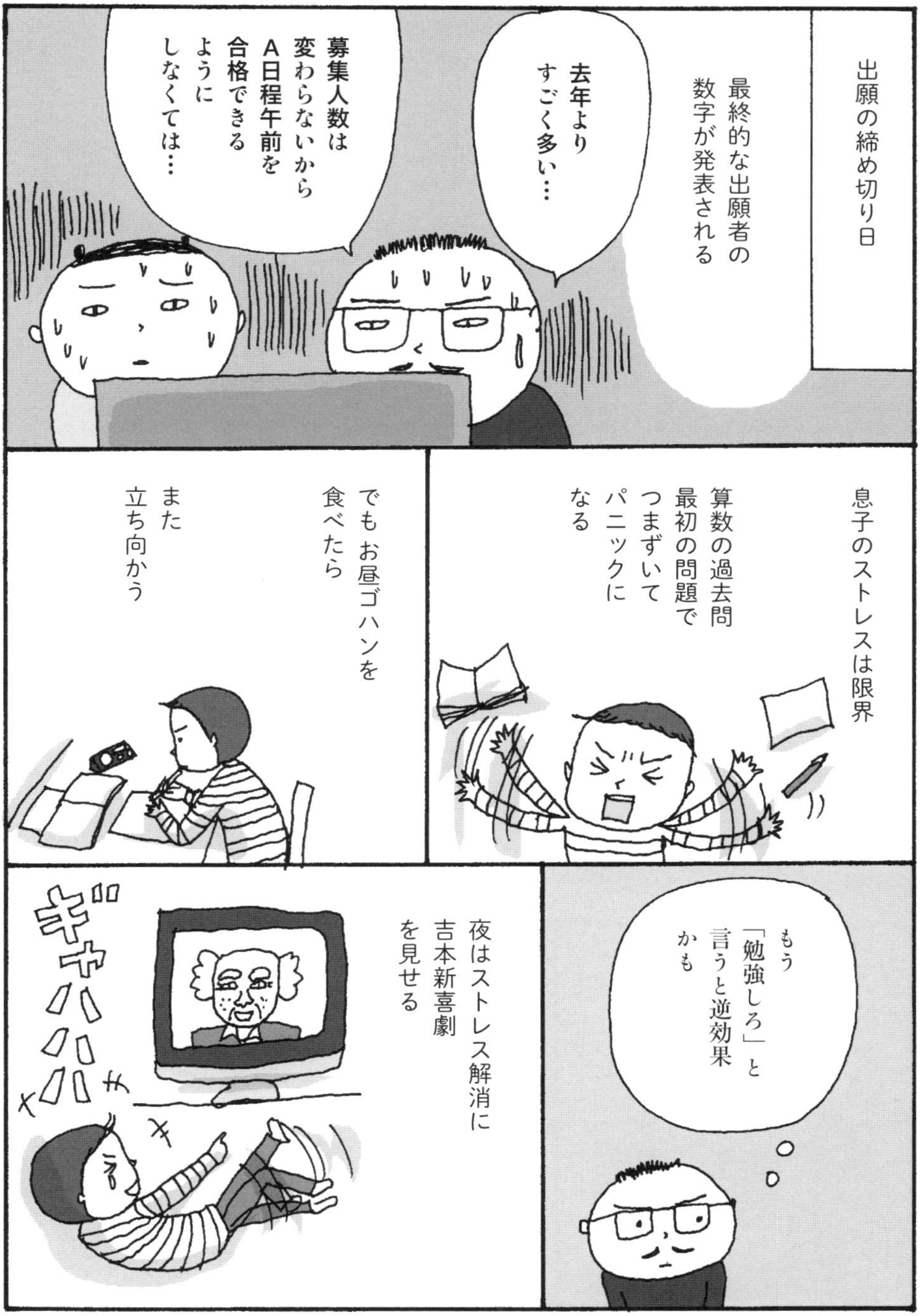
出願の締め切り日
最終的な出願者の数字が発表される
去年よりすごく多い…
募集人数は変わらないからA日程午前を合格できるようにしなくては…
息子のストレスは限界
算数の過去問最初の問題でつまずいてパニックになる
でもお昼ゴハンを食べたら
また立ち向かう
もう「勉強しろ」と言うと逆効果かも
夜はストレス解消に吉本新喜劇を見せる
ギャハハハハ

受験日まで3日
去年のB日程の過去問をやらせたら惨敗《ざんぱい》
(B日程の方が難しい)
夜は息子の大好きな
「ペンギンズ」「妖怪ウォッチ」「ポケモン」を見せる
自分の受験の時は直前に追い込んで勉強することがどれだけ大事か？と考えてやったけど
11歳の小学生にはムリなのかなぁ…
残り2日間は「おうち試験」をやる
今日から本番と同じタイムスケジュールで過去問をやるよ
うん
スタート

受験を決意した時
ボクは
身の程《ほど》知らず
な気分で
「ゴメンナサイ」と思ってた

あれから
約１３０日間
息子は受験塾に
通わず 自宅で
勉強をした

今どうにか
「受かる可能性が
半分以上はある」
というところまで
来た

中学受験は
親が経験したことの
ない世界だから
アドバイスも
できない

焦《あせ》る気持ちだけが
膨《ふく》らんでいく

親は
無力だ

試験　1日目
とうとう本番の日が来た
おはよう
ドキドキ
おはよう
ドキドキ
おはよう
ドキドキ
晴天
気温は5℃
息子の体調まずまず
電車の中はマスクをした親子連れでいっぱいだった
この人たちみんな中学受験組？
学校の入り口には受験塾の旗を持った応援団の人たちが待ち構えてる
こんなに受験塾ってあるんだ…
頑張ってね

息子を見送り
控室で試験が終わるのを待ちます
ちゃんと控室に入れてよかったね
入れなかったら泣くよ…
↑初夢のこと
私は本を読み
ツレはブラームスを聞く
周りの人も読書かスマホいじり
遠くで3人のママがずっとヒソヒソ雑談してるだけで
ヒソ
ヒソ
他は話す人はいない
ちら
仲良し3人組なのかな?
誰か落ちたらどーするんだろう…
他の控室にいる人たちも含めて
みーんな小学6年生の親で
ずーっと献身的な受験生の親をやってきてるんだな
そしてここにいる5人中2人は「残念でした」という結果になるのか…

控室に終わった試験の問題用紙が貼り出される
親たちはそれを確認する
算数 過去問で間違えたけど振り返りをしてなかった問題ばかり出てる
理科も息子が苦手にしてるところばかり出てる…
A日程 午前が終わる
どうだった？
キンチョーしてパニくった
空欄多いかも…
最初に模試を受けた時と同じになっちゃった…
一度 家に帰って お昼ゴハン食べて お昼寝して
A日程 午後の試験

午後の試験を受ける人の方が多い
わ 控室ぎっちり
午前とは別の教室で待つ
私は本を読む
ツレはマーラーの第9を聞く
トイレに行った時
校舎をしみじみ見て
合格したらこの学校に息子は通うのかあ…
とまだ決まってないのに思う私
試験が終わって会場から息子が出てきた
きりっ
終わったよ
うん お疲れ様
帰ってゴハン食べよう
ひとつ試験が終わるごとに
息子は成長してるように見える

試験 2日目
B日程の午前 これで全ての試験が終わる
そして 今日の午後には 昨日の試験の結果が 出る
できたら 今日全てを 終わらせたいね
ホントに そうなったら いいね
昨日と同じように 試験が終わるのを 控室で待つ
私は 仕事をする
ツレは ブルックナーを 聞く
長時間ひたすら座ってる ところが息子と昔一緒に 行った18きっぷの旅に 似ていた
申し込んだ 試験3回は 全て終わった
今日の午後 3時半に A日程の合格 発表だ
これで合格 できていれば やっと正月が来た という気分 になれるね…

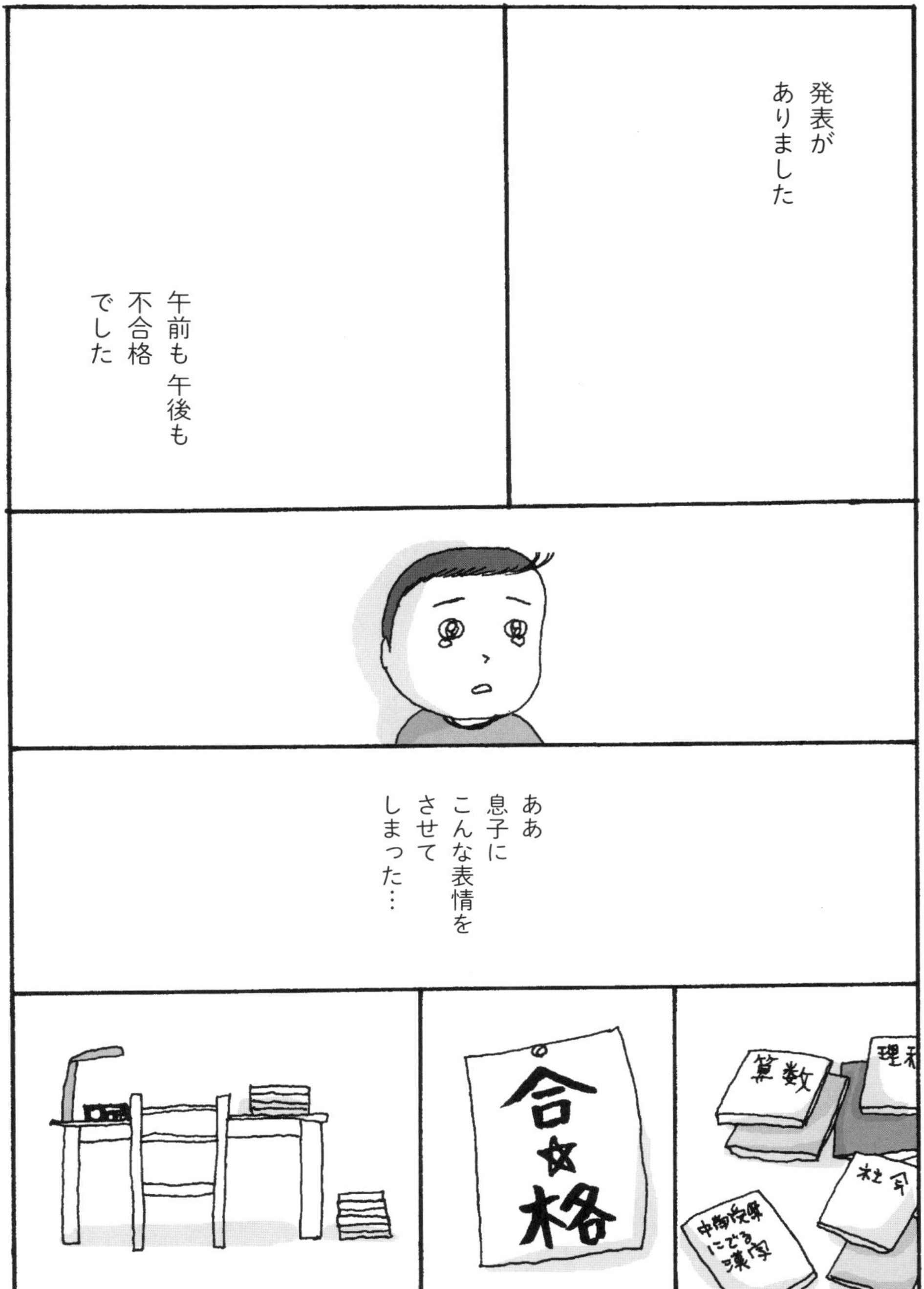
発表がありました
午前も午後も不合格でした
ああ息子にこんな表情をさせてしまった…
合☆格
算数
社会
中学受験にでる漢字

息子も泣いて
私も泣いた
その夜 息子は赤ちゃん返りのような行動をしました
ずっと足で挟《はさ》んでて
次の日
大丈夫だ!!
こういうことがあると想定して次の計画を考えてある!!
第一志望がダメでももう少し挑戦してみよう
これは失敗かもしれないけど次のスタートへの失敗だ
どうだ？次の挑戦できるか？
できる!!
息子はすぐに気持ちを切り換えて再挑戦する決意をした
また試験勉強を始める

B日程の結果も出た
不合格だった
自分でできなかったのわかってるからそんなにショックじゃない
息子はキッパリと言い切ったけど
えー 3回も不合格？
えー 3回も不合格？
私の方が割り切れなかった
3回受験のチャンスがあったのに
なぜ3回とも同じ学校を受けさせてしまったのか？
3回あったんだから他の学校を受ける作戦にすることもできたのに
あっ
『二月の勝者』のクロッキーがそんなこと言ってたなぁ
意味がやっとわかった

これは親の勉強不足で
息子を傷つけるようなことを
してしまったんじゃ
ないだろうか？
そもそもやっぱり
友だちのアドバイス通り
小４の時から受験対策を
しておけば こんなことに
ならなかったの
では？
いや でも
私は
息子本人が
「やりたい」
と言うまで
やらせたく
なかった
でも 中学受験は
「親の受験」
とも言うし
やっぱり 親が仕向けた
方がよかったのか？
私は一体
どうしたら
よかったんだろう？

わからんっ
友だちに
思ってることを
打ち明けました
もやもやするの
無理ないよー
てんさんの
基本的な考え方や
姿勢は間違ってないと
思うよ
中学受験は
合格させるより ずっと
大事なことが
あると思う
自分でやる気になる
というのも そのひとつ
受験を決めてからの
ちーと君は
すごく重要なものを
手に入れたんじゃ
ないかな
その言葉に
私は救われたの
でした

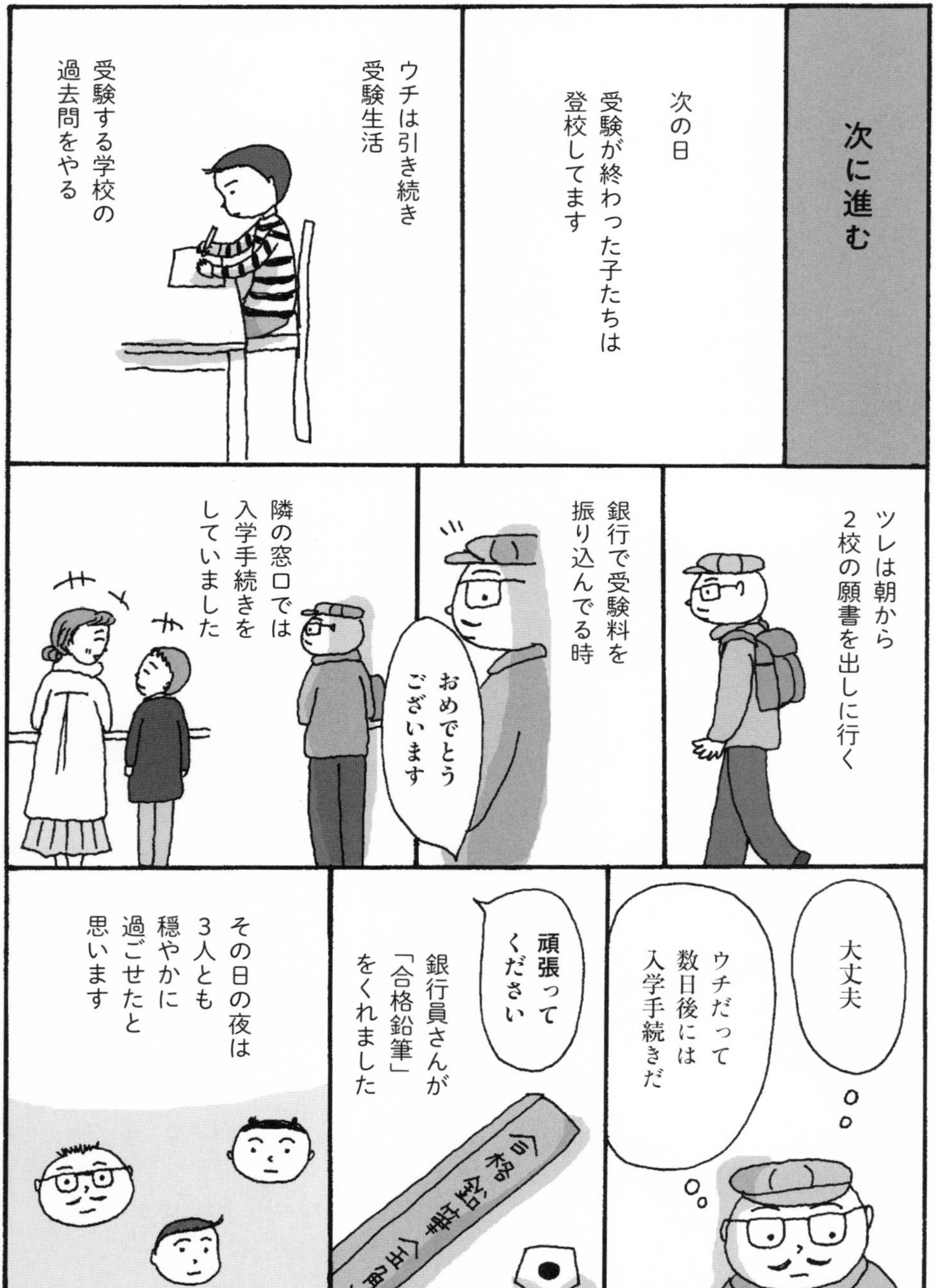
次に進む
次の日
受験が終わった子たちは
登校してます
ウチは引き続き
受験生活
受験する学校の
過去問をやる
ツレは朝から
2校の願書を出しに行く
銀行で受験料を
振り込んでる時
おめでとう
ございます
隣の窓口では
入学手続きを
していました
大丈夫
ウチだって
数日後には
入学手続きだ
頑張って
ください
銀行員さんが
「合格鉛筆」
をくれました
その日の夜は
3人とも
穏やかに
過ごせたと
思います

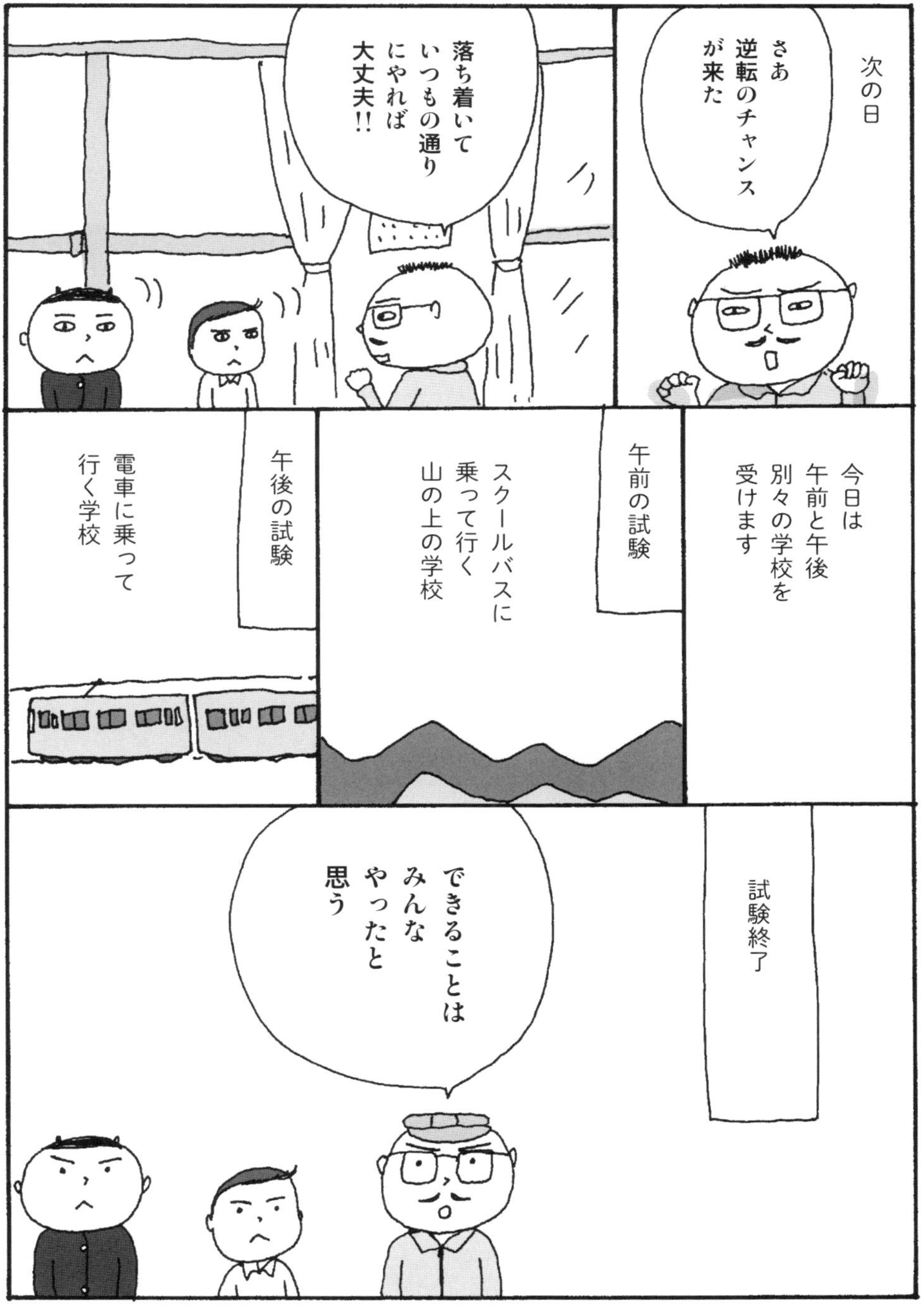
次の日
さあ逆転のチャンスが来た
落ち着いて いつもの通りにやれば大丈夫!!
今日は午前と午後別々の学校を受けます
午前の試験
スクールバスに乗って行く山の上の学校
午後の試験
電車に乗って行く学校
試験終了
できることはみんなやったと思う

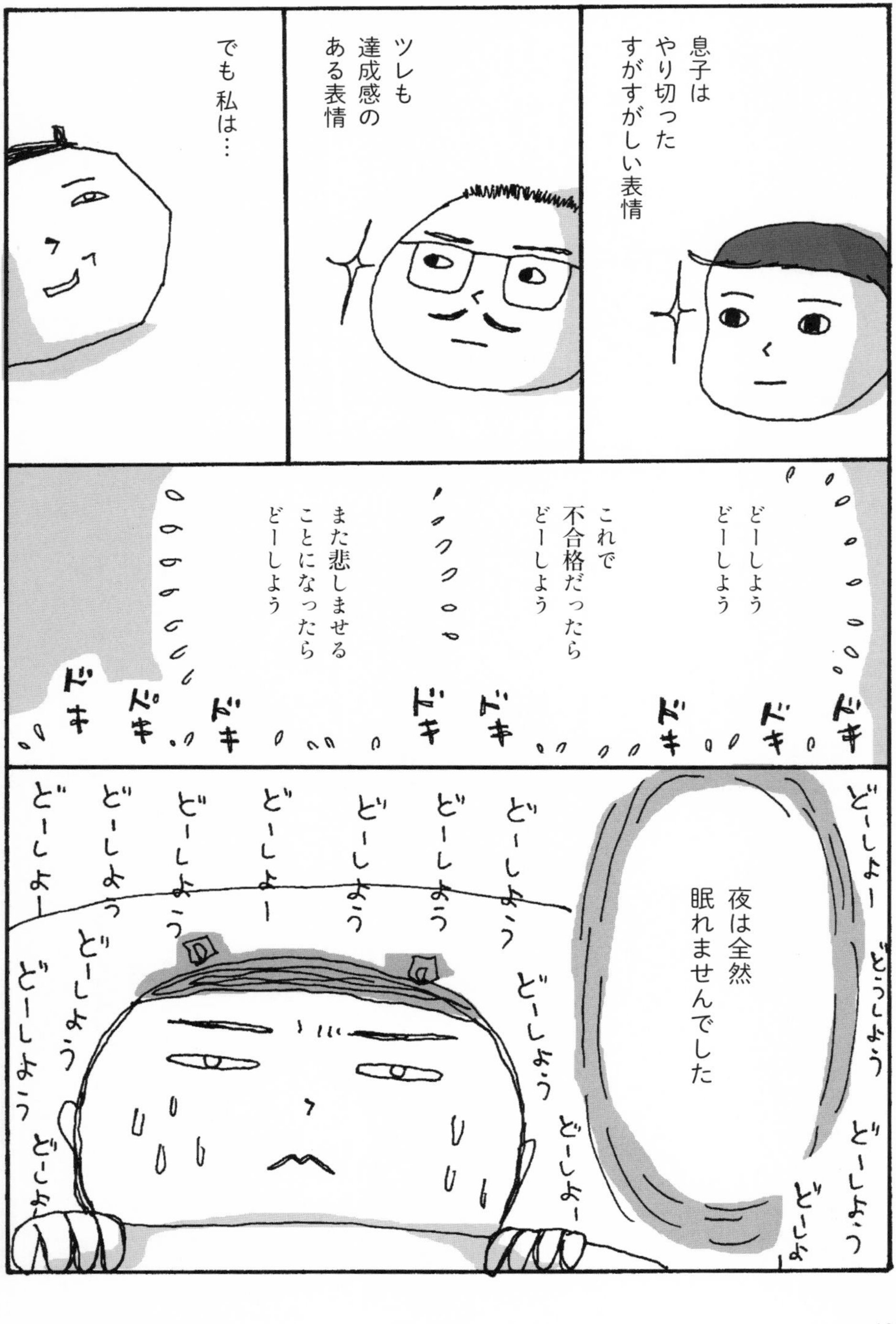
息子は
やり切った
すがすがしい表情
ツレも
達成感の
ある表情
でも私は…
どーしよう
どーしよう
これで
不合格だったら
どーしよう
また悲しませる
ことになったら
どーしよう
ドキ ドキ ドキ ドキ ドキ ドキ ドキ ドキ
夜は全然
眠れませんでした
どーしよー
どうしよう
どーしよう
どーしよ
どーしよう
どーしよう
どーしよう
どーしよー
どーしよう
どーしよー
どーしよう
どーしよう
どーしよう
どーしよー
どーしよー

次の日
両方の学校の合格発表があります
スタンバイしてる
ドキ
ドキ
ドキ
ドキ
ドキ
ドキ
ドキ
ドキ
ドキ
ドキ
ドキ
ドキ

最終ラウンド
発表が出た
両方とも合格
ちーと君!!
むぎゅ
よかったねえ
拒否
ありがとう
3回受けて
3回落ちて
2回受けて
2回受かった
あと1回
頑張ろう
ハイ

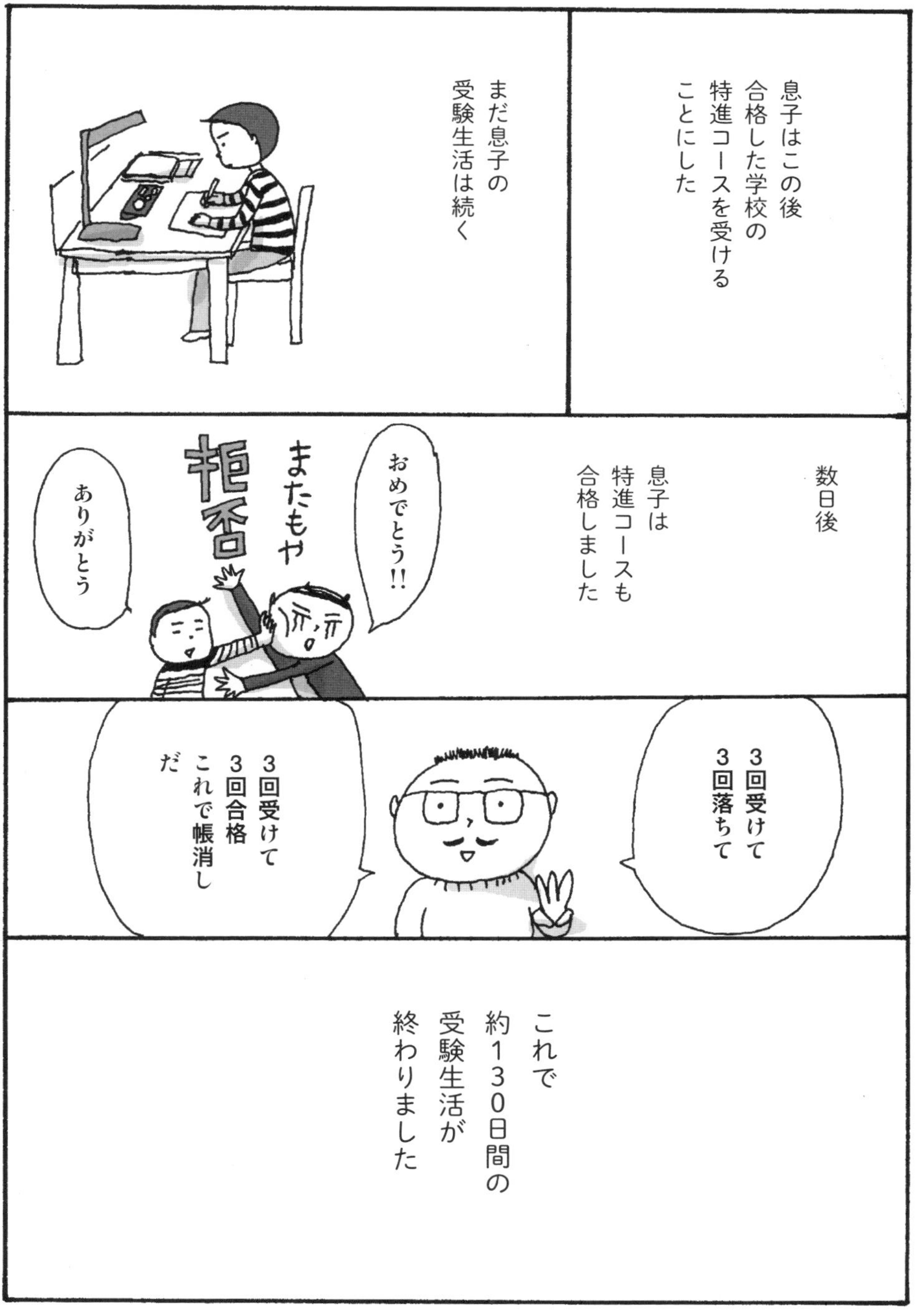
息子はこの後
合格した学校の
特進コースを受ける
ことにした
まだ息子の
受験生活は続く
数日後
息子は
特進コースも
合格しました
おめでとう!!
またもや
拒否
ありがとう
3回受けて
3回落ちて
3回受けて
3回合格
これで帳消し
だ
これで
約130日間の
受験生活が
終わりました

返還式《へんかんしき》をします!!
チャーン チャーカ チャーンチャー チャラララララン ランラーン
今日から ゲームと ユーチューブ 好きなだけ どうぞ
ヤッター
今の息子と 4カ月前の息子 の違いは
バランスボール
ゲームの時間を 自分で管理 できるように なったこと と
自分から机に向かって 勉強をするように なったこと
合格 おめでとう!!
夏休み明けに 受験するって 聞いた時は どうなることかと 心配だった けど
ホントによく 頑張ったねぇ
ウン ウン

私人間にとって大事なのは成功した時より失敗した時の態度だと思うのよね
その点ちーと君はえらかったと思う
「この子は大丈夫」って思ったよ
めいっぱいちーと君のことを褒《ほ》めてあげて
一緒に頑張ったツレさんのことも褒《ほ》めてあげてね
ハイ
私たち親子3人が一緒に成長できる経験
それがたまたま中学受験だった
今はそんな感じに思う
大変だったけどやってよかったな
あと2日で息子は12歳になります

ツレコラム
受験のあとで

中学受験を終えて

またツレです。息子の後ろでハラハラドキドキしているパパで、戦略を考え勉強を教える先生で、夕方になると食事を作る「ランプの精」と言われています。

「ランプの精さんランプの精さん、今日は肉じゃがを作ってください」

と息子が言うので。

「はーいご主人さま」

などと受け応えしている。

ずっと家には炊飯器というものがなく、僕がいつも土鍋でご飯を炊いていたのですが、息子の受験を前にして、ついに炊飯器を買いました。午前中と午後の試験の間に、家に戻ってすぐに食事を摂るためです。もちろん、私立中学に合格するつもりだったので、お弁当を作るようになるからというのもあった。

なんとか、無事、炊飯器を利用できるようになりそうだったので良かったです。学校給食がないというのも多くの私立中学の特徴なので、そのぶんは「ランプの精」の負担にな

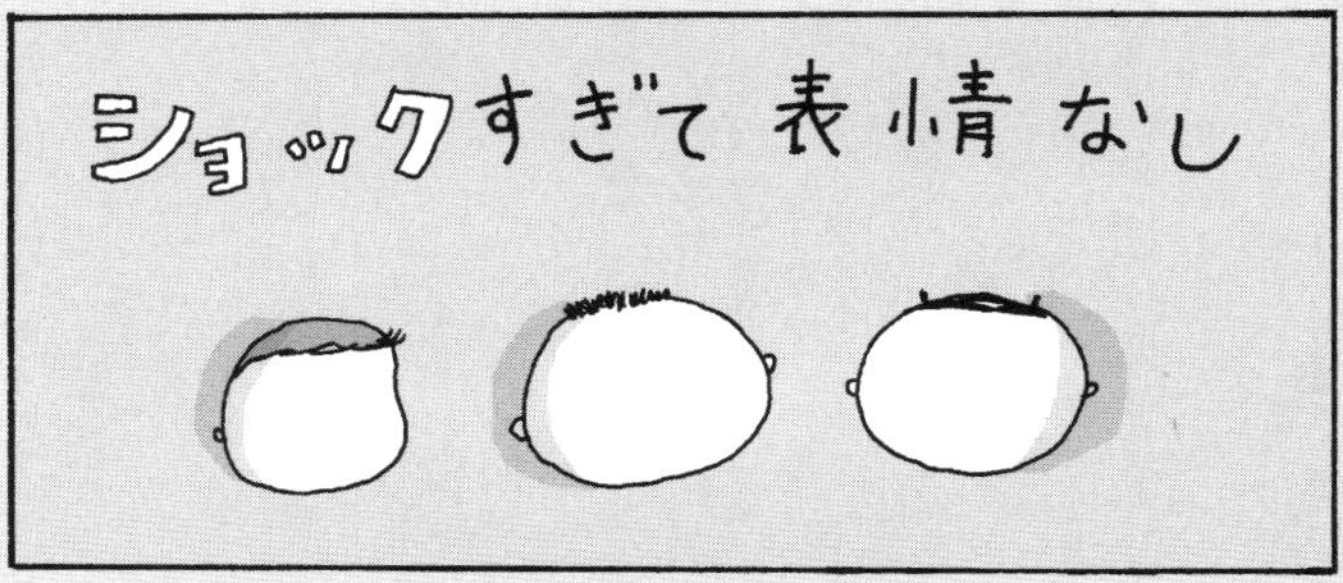

ってくるわけです。

中学受験を終えてみてわかったことは、息子の仲の良い友だちはほとんど私立中学の受験組だったということでした。遅くとも6年生に上がる頃から、お受験塾に通って準備していたようです。いっぽうで公立に通う予定の子たちも、息子の友だちに少しはいたのですが（学校ではそちらが多数派）、その子たちは地元のスポーツクラブに所属していたりして、中学に入ったら部活で頑張るということを意識して、ちゃんと「公立対策」をしているのでした。

息子は6年生の運動会の「組体操」で公立アレルギーが顕在化してしまったけど、その前から塾の先輩から中学のことを聞いて「オレは部活には入りたくない。職場体験は行きたくない。内申書とかもイヤだ」と言っていたようだった。親としてはなんとなく聞き流していたけど。それでも公立に行くつもりだったのは、受験勉強と入学試験がイヤだったからでしょう。

しかし受験勉強や入学試験のほうがまだマシということになって、わずか4カ月だけど避けていた受験勉強に立ち向かって、自分をコントロールし、成果を見せるということを息子がやってのけたのは、本当に凄いことだと思いました。

模擬試験でそこそこの得点を出せるようになり、合格率も上がっていたので、よもや第一志望で3回不合格を出してしまうとは思わなかった

な。でも今を思えば当然で、最後の模擬試験からの１カ月の間、効果的な追い込み勉強ができなかった。高校入試や大学入試に関する僕自身の体験からしても、最後の一週間でも、あるいは前日でさえ、成績というのは伸びるんです。逆に言うと、他の子たちが追い込み勉強をしているところで、プレッシャーに負けて追い込み勉強ができなかったということは、そこで着々と偏差値や合格率を下げてしまったんだろう。でも11歳の息子には、最後の追い込みをやるだけの余力は残っていなかった。プレッシャーのせいか、夜に悪夢を見て叫んだり、夢遊病のように立ち上がって歩いてしまうことさえあったので、もうこれ以上の努力を強いることはやめようと思ったのだった。相棒は息子に好きなテレビ番組の録画を見せ、一緒になって笑って観ていた。これで受かれば大したもんだと思っていたけど、やっぱりダメだった。

　でも第一志望を全部落ちて、切り換えて、プレテストでも受けたことのある学校に行って受験したときは、そこそこ落ち着いていたようだ。最後の特進クラスは第一志望の学校とほとんど変わらない偏差値が要求されていたので、ちょっと難しいかなと思ったんだけど、その前に一般クラスの合格を出してもらっていたので、落ち着いて受験できて、見事合格してきたのだった。つまり戦略さえしっかりしていれば、第一志望も合格できたんじゃないかというのが反省点だけど、今となっては合格してきた学校のほうが親子とも気に入

ってしまっているので、これで良かったとしか言いようがないです。

戦略という言葉が出てきたところで、戦略的にとても参考になったのが、相棒も言及していたけど、高瀬志帆さんという漫画家の手による『二月の勝者・絶対合格の教室』というコミックスだ。小学館のビッグコミックスピリッツという雑誌に連載されていて、既刊のコミックスは全部揃えて家族全員で愛読していたけど、息子の受験の前後にもまだ連載されていたので、雑誌も買ってきて読んでいました。でも息子の受験日の頃に掲載されていた内容は、まだ秋の運動会の頃のことで「息子はこの運動会のときにまさに受験を決意したんだよなあ。ちゃんちゃらおかしいくらい遅い決断だよなあ」と思ったものだった。

この漫画による恩恵は大きくて、親である僕らは受験塾で得られるような知識や戦略の立て方、受験の持つ意味や意義を教えられ、息子には緊張感や仲間意識みたいなものを得ることができた。この漫画なくして息子の受験の実りはなかったかもしれない。余談だけど、高瀬志帆さんは相棒と同じ頃に相棒と同じ漫画雑誌でデビューして、相棒と同じように活躍の場をさまざまな雑誌に移すなどの紆余曲折を経つつも、今も漫画家を続けておられる作家さんのようだ。高瀬さん本当にありがとう。

この本は息子の受験の体験記なので、わずか4カ月ちょっとで合格率ゼロと言われたところから、家での勉強だけで中学受験をクリアしてし

まったという話になっているけど、その無謀な出来事に付き合ってみた経験から言えることは、やっぱりお受験塾というものはこのシステムの中では王道というか、本来は利用すべきものなのではないかと思ったのだった。

いや、金額的に高いんだよ。６年生の１年間だけでも１００万円以上かかるというのだ。平均して１４０万円くらいになるのかな。それでも、それだけの価値があるのかもしれないね。

今回の息子の受験が実りあるものになったのも、いくつかのお受験塾が開催する模擬試験を受けたとき、まったくの部外者だったにもかかわらず、的確なアドバイスをもらうことができたから。その中で一番有用だったアドバイスは「プレテストを、今から受けられるだけ受けてください」というものでした。すでに秋の学園祭や学校説明会が終わっている時点だったから、プレテストを受けるためにあちこちの学校に行くことで、第一志望ではない他の学校にもいいところがある、いや、第一志望より良いんじゃないか、というようなところも幾つもあったりして、親子ともに視野が広がった。最終的にはそれで第一志望じゃない学校を後期日程で受験して合格するところとなったので、プレテストなくして息子の受験の成果はなかったろう。

息子の受験勉強は「国語」「算数」「理科」「社会」の４教科でした。これも受験勉強をする期間が４カ月しかないというのにもかかわらず、無謀に多かった気がする。今としては。

でも息子が一番得意だったのが「社会」で、次に得意なのが「理科」。あまり得意じゃないのが「国語」と「算数」で、「算数」は最後まで苦労した。第一志望の学校では4教科と3教科が選べたのだが、息子は社会を入れたいので4教科を選択した。

息子が社会を得意だった理由はなんとなくわかる。小さい頃から鉄道好きで、実際にあちこち連れて回ったので、日本地図は頭に入っていた。駅名も漢字で書けた。歴史に関しては、そにしけんじさんという方の描いた『ねこねこ日本史』という漫画が大好きで、コミックスは全部持っているし、アニメも録画して観ている。特に受験勉強をしなくてもマニアックな知識は頭に入っていたようだった。

だから特に時間を割いて教えるものはなかったな。「群馬県のキャベツは抑制栽培」というのと江戸幕府がアメリカと結んだ不平等条約は「日米修好通商条約」というのが、模擬試験で何度も出題されて、その都度、漢字を少しずつ間違えて減点されていたものでした。

次に得意だったのは理科だけど、理科に関しては、中学受験の場合、問題をよく読むと必ずヒントが書いてあるということがあった。地学、生物、物理、化学の4分野からまんべんなく出題されるんだけど、受験した学校の理科は極端に難しいものではなかったので、これも過去問をしっかりやることでクリアできた。

国語は少し苦労しました。受験した学校では、長文の問題が2つ出て、前半は論理的な文章、後半は小説のような会話や気持ちの動きを推し量

る文章。その文章を題材に、慣用句やことわざ、漢字や指し示す部分を答えさせるような問題になっている。文章に親しんでいる子だと簡単にできるが、そうでないと付け焼き刃の勉強では得点を上げられない。とはいえ、家で勉強するのでまず、付け焼き刃みたいなものしかできない。だから最初は、漢字を間違えないできちんと書けるように勉強させた。漢字の問題だけで1割くらいの得点になったから。……なぜか過去問を一緒に勉強しているうちに、僕自身が「この問題を作った先生が好きだ。この人の授業を受けたい」と思うようなことがあったりして、そういう感動を息子と話し合っているうちに、息子も問題が好きになったようで、そういう体験を繰り返しているうちに、息子の国語の点数が良くなったということがあったので「共感することがテクニック」だったのかもしれないよね。

そして一番苦労したのが、最後まで苦手だったのが「算数」です。最初の模擬試験のときは１５０点満点中20点だった。ひどいもんだ。模擬試験や過去問でも、最初に4問くらい単純な四則演算が出たりする。これは相当にウッカリしていなければ間違えないハズなんだけど、そういうところでも間違えたりしていた。初歩的な問題をしっかり検算して落とさない、ということを教えたが、最後の第一志望を受けたときにはやっぱりそこで落としたものがあったような。

算数は「細かいテクニック算」みたいのが必ず出て、あと「図形」の

問題がある。「テクニック算」はいかにイメージを図にするかということに苦労しました。池の周りを回るとか、速度の違う船が流れのあるところで追いついたり追い越したりするというのも、図を描いて、その図が時間とともにどういう変化をするのかを理解すれば答えは出てくるんだけど。

「図形」問題では、逆にイメージは提供されるのだが、そこから長さとか面積を計算する能力が要求される。たぶん受験塾ではやってないと思うけど、僕は息子に中学の数学を先回りして教えたものもある。それは「三平方の定理」と「平方根」だ。円周率を「π《パイ》」として、最後まで掛け算させないのも教えた。教えて、理解もしたと思うけど、かなり効果もあって成績が上がったときもあったけど、最後は緊張したら付け焼き刃みたいにポロポロ落ちてしまったかもしれない。

受験勉強を手伝っていて僕が思ったことは、これは小学6年生の子に要求される学力だけど、小学校では教えてくれていないなあ、ということだ。高校受験のときは、いちおう中学校で教わっていることをクリアしていれば理解できる問題が出題されているんだけど、中学受験に関してはそういうことになっていないです。

公立中学に行くのなら要求されないので、そもそも小学校では教えないけど、要求される世界もある、ということを知ったのは良かった。息子は受験勉強をして、要求される学力を身につけることができました。

そして今の日本の公立小学校では教えることができていない「個人としての自分」というものに向き合うことができたのも良かった。

それは、一度不合格をもらったから体験することができたのかもしれない。今の小学校では、成績表もよほどのことがないと「もっとがんばりましょう」という、甲乙丙でいうところの最低点はつけられないよね。「みんなで力を合わせて達成する」というようなことには、力が入っているんだけど、個人として得意なことを認める、不得意なことをダメだと責任取らせるという意識には欠けていると思う。いや、息子は「みんなが努力してやることをしないのはずるい」という形での否定評価はもらっていたんだけど。

息子は受験の過程で一度「個人としての努力は足りません」と不合格を突きつけられた。そのあと頭を冷やして、自分の能力をもう一度試して「個人としての努力を認めます」と合格を手にすることができた。どちらの勝負も、誰も助けてくれない、自分で納得して自分なりの落とし所を見つける闘いだった。『二月の勝者』によれば、大部分の子が第一志望には受からないのだと言う。数字にすると8人中7人が第一志望には受からず、幾つか受けた中で合格した学校の中から、自分の進路を決定するのだそうな。自分は自分の思っているような能力はなかった。だけど、どこまでなら自分はできるのか。あるいは進路を変えて、どういう勝負を引き受けて行くのか。一人一人が主人公で、そしてそこに負けはない。全員が勝者になれるシステムだ。

たとえ公立中学校に進んで高校受験を目指すとしても、中学受験の経験を活かすことができる。それも経験の重みから言えば勝利の一つの形だろう。

すべてやり終えた息子は、とってもすがすがしい顔をしていたよ。ほどなくして12歳の誕生日が来たけど、堂々としていて、もう中学生に見えたな。お誕生日おめでとうという相棒のお祝いの言葉に「いつもありがとう」と答えていた。その姿には一年前のあの「おれなんかシカクがない」と泣いていた姿は全然想像できなかった……。

最後に親としての計算違いは、お受験の過程ではお金がかからなかった息子だけど、私立中学は当初考えていたよりもお金がかかるようです。年に１００万円くらいかかるのかな。高校に進むと「私立高校の実質無償化」という制度があって、もうちょっとお金がかからなくなるんだけど、私立中学は出費がかさむ。さいわい、うちの息子は双方の祖父母にとって唯一の孫なので「がんばって合格したよよろしくね」と集金させようとしている。うまく行くかな……。

ともあれ、息子が自分で入った中学生ライフは、これから始まるところです。どんなことがあるのか、本当にドキドキだ。

あとがき

「ウチの息子、突然中学受験することになってテンテコマイなんです。でも今のところ合格率は0％なんです」と、私が話したら編集者さんの目がキラリと光りました。そしてこう言いました。

「貂々さん、そのことを本にしませんか？」

「えっマジですか？」と私は思いました。

このことを本にするなんて全く想像もしてなかったのです。

編集者さんは「受験が終わったら連絡してください」と言うので、全て終わった時にすぐに連絡をしました。

次の日、編集者さんと会って打ち合わせをして本にすることになり、描き始めました。

まだ受験のテンションが上がった状態のままで、始めた頃の記憶からを思い返してなぞっていきました。

受験勉強を開始したのはまだ4ヶ月ちょっと前のことなのに、ものすごーく遠い昔のような気がしました。でも今描いておかないときっと二度と描けなくなるだろうなあと思いながら必死に描きました。

結果的に……描いておいて良かったです。

約4ヶ月の間のギュッと凝縮された時間は、あっという間に記憶の彼方になっています。この本の刷り出しが届いて読み返しても「あら、なんだかとっても大変なことしてるねえ」という他人事のような気持ちです。

それだけ……ものすごく集中して真剣だったのだと思います。

もともと息子に中学受験をさせるつもりはなく、そのつもりで6年生の夏休みが終わるところまで来ていました。私は公立の小学校でPTA役員を3年間経験して、そのことを本にしたりした直後のできごとが、この中学受験だったんですけど、学校現場はどこも大変な状況です。

息子が自分なりに考えて、自分に合った学校を選んだことは尊重しなければならないと思いました。でも、もしも公立に進むことになっても、またPTAの役員をすることになるかもなあ、と思っていたくらいで、特に気負いはなかったです。

頑張ってるから受かって欲しいとは思ったけど、結果がどうあっても息子のしたことはその後の人生で無駄にならないと思ってはいました。でも結果が出たのは良かったです。

これから息子は中学生になり自分の世界が広がって自分の世界で生きていくようになると思います。だから親がこれだけ関与して何かするっていうことはもうないんじゃないか。そんなふうに考えるとこういう経験は二度とできないのかもです。中学受験を親子で体験できたことは大変だったけど良かったなあって思います。息子には、自分が選んだ学生生活を自分なりに楽しんでもらえたらいいなあ。

ちーと君、いつも私にドキドキを運んできてくれてありがとう。私の息子に生まれてきてくれてうれしい。

いつも家族をナイスサポートしてくれるツレ、ありがとう。50からが青春よ。

そしてこの本を読んでくださったみなさま、本当にありがとうございました。

5月吉日　　　　細川貂々

細川貂々

ほそかわ・てんてん

1969年生まれ。セツ・モードセミナー出身。漫画家・イラストレーター。1996年、集英社『ぶ〜けDX』にてデビュー。パートナーの闘病を描いたコミックエッセイ『ツレがうつになりまして。』『イグアナの嫁』シリーズ（幻冬舎）は映画化、ドラマ化もされた著作。男親中心の育児を描いた『ツレパパ』シリーズ（朝日新聞出版）、自身の職業遍歴を描いた『どーすんの？私』シリーズ（小学館）なども出版。自身の生きづらさとべてるの家などの取材を取り上げた『生きづらいでしたか？ 私の苦労と付き合う当事者研究入門』（平凡社）、近年は教育問題にも首をつっこんで『アタック PTA』（朝日新聞出版）を上梓している。

なぜか突然《とつぜん》、中学受験《ちゅうがくじゅけん》。

二〇二〇年七月一〇日　第一版第一刷発行

著者　細川貂々（てんてん企画）
発行者　矢部敬一
発行所　株式会社 創元社
https://www.sogensha.co.jp/
本社　〒五四一-〇〇四七
大阪市中央区淡路町四-三-六
電話（〇六）六二三一-九〇一〇
FAX（〇六）六二三三-三一一一
東京支店　〒一〇一-〇〇五一
東京都千代田区神田神保町
一-二　田辺ビル
電話（〇三）六八一一-〇六六二
印刷所　図書印刷 株式会社

ISBN978-4-422-93084-8　C0095